W0398446

Elisabeth Bronfen

Angesteckt.

Elisabeth Bronfen

Angesteckt.

Zeitgemässes über Pandemie und Kultur

Echtzeit Verlag

EIN MOMENTUM DER VERÄNDERUNG

Am Anfang dieses Jahres hätte man übermütig meinen können, dass nun die Roaring Twenties des 21. Jahrhunderts anbrechen. Stattdessen packte uns der Wirbel dieser Pandemiezeit. Wir wurden uns der Bedeutung der Eindrücke unsicher, die in der Flut von Medienberichten tagtäglich mit neuer Wucht auf uns einprasselten. Die vertraute Welt, in der wir uns eingerichtet haben und sicher wähnten, ist fremd geworden – und auch weiterhin unberechenbar geblieben. Nichts scheint mehr so zu sein, wie es vorher war. Auch Monate nach dem Ausbruch ist die vertraute Welt noch nicht wiederhergestellt. Von einem Tag auf den anderen hat sich alles verändert, und wir können die Entwicklungen noch immer nicht vollständig begreifen. Zu welcher Normalität wir jedoch zurückkehren möchten, bleibt unklar. War es ein einmaliger Ausbruch? Wird es eine nächste Welle geben? Ist diese Pandemiezeit ein Vorbote eines Zustands, an den wir uns gewöhnen müssen? Nur eines scheint gewiss: Wir befinden uns seit einigen Monaten in einer Krise, die einschneidende Konsequenzen haben wird.

Dabei beschleicht uns das leise Empfinden, dass die Zeit, die jetzt ins Wanken gekommen ist, bereits vorher nicht stabil war. Es stellt sich die Frage: Ist es die Wende, die sich so plötzlich in unserem Alltag vollzogen hat, die uns beunruhigt?

Oder beängstigen uns vielleicht vielmehr die gefährlichen Entwicklungen, die sich bereits vorher abgezeichnet haben, die wir davor noch nicht wahrhaben wollten? Lag nicht seit Längerem ein Unbehagen in der Luft, eine Ahnung, dass etwas nicht mehr stimmen kann? Meinten wir nicht, es müsse etwas passieren, ohne genau sagen zu können, was das sein sollte? Besorgt verfolgten wir die Forderung nach stetem wirtschaftlichem Wachstum, die Verstrickungen globaler Märkte, ebenso die Folgen des spürbaren Klimawandels. Beunruhigt nahmen wir die Verlagerung des sozialen Lebens in digitale Räume wahr und die damit einhergehende Verarmung, was den menschlichen Kontakt und reale Begegnungen betrifft. Es schien so viel praktischer, mit Bildschirmen zu sprechen und mit digitalen Tools zu hantieren. Die Ungleichheit zwischen denen, die im Wohlstand und denen, die in Armut leben, wurde immer augenfälliger. Deutlich sichtbar wurde das Fehlen von Gemeinsamkeiten durch die zunehmende politische Polarisierung, die einer unübersichtlichen Diversität zugeschrieben wurde. Eine verbindliche demokratische Öffentlichkeit schien immer gefährdeter.

Dann ist Covid-19 in unserer Mitte ausgebrochen. Eigentlich hätten wir es voraussehen können, hat es sich doch unverschämt und unverschleiert an uns herangeschlichen. Seit Anfang des Jahres häuften sich die Berichte mit den dazugehörigen Bildern aus Wuhan. Im «Huanan Seafood Wholesale Market» habe angeblich die erste Übertragung des Virus auf den Menschen stattgefunden. Bereits Ende Dezember 2019 informierte die chinesische Regierung die Weltgesundheitsorganisation (WHO), dass sich ein unbekanntes Virus in der Provinz Hubei verbreitet. Im Januar 2020 wurde dann das erste Todesopfer gemeldet, das an einer Lungenerkrankung gestorben ist. Mit Befremdung und einer gewissen Neugierde verfolgten wir den Lockdown in Wuhan, der knapp zwei Wochen später am 23. Januar 2020 – zwei Tage vor dem chinesischen Neujahrsfest – ausgerufen wurde. Zynisch haben einige dies als Beweis für die rigorosen Methoden eines Überwachungsstaats gelesen, der an seiner Bevölkerung die Probe des Ausnahmezustands aufs Exempel machen wollte. Andere blickten mit Neid auf die erstaunliche kollektive Disziplin, die den ungeheuren wirtschaftlichen Aufschwung der letzten Jahrzehnte in China erklären half. Wiederum andere meinten, in der Verbreitung der Infektion zeige sich das Fehlen hygienischer Vorschriften und kritisierten den engen Kontakt zwischen Menschen und Wildtieren, der den Europäern immer schon suspekt war. Grundsätzlich aber wohnten wir diesen Ereignissen wie einem exotischen Spektakel bei. Wir meinten überheblich, uns betreffe das alles nicht. Es spielt sich viel zu weit von uns entfernt ab. Wir waren fest davon überzeugt, dass uns nichts passieren könne.

Dann war das neue Coronavirus plötzlich in Rom angekommen. Dort hatte sich ein chinesisches Touristenehepaar selbst bei den Behörden gemeldet, als es Symptome zeigte. Darüber, wie ab dem 21. Februar das Virus in der Lombardei ausbrechen konnte, kursieren mehrere Theorien. Vielleicht war es ein Italiener, der aus Wuhan in die Heimat zurückgekehrt war. Vielleicht war es das Fussballspiel am 19. Februar 2020 im Stadion San Siro, als Atalanta Bergamo den FC Valencia mit 4:1 besiegte. Als schliesslich am 16. März 2020 in der Schweiz die «ausserordentliche Lage» ausgerufen wurde, hatte sich das Virus erschütternd hartnäckig bereits in der ganzen Welt verbreitet. In der folgenden Zeit schauten wir gebannt auf allerlei Statistiken. Diese zeigten uns in bunten Farben den Verlauf der Infektion; das Aufsteigen und Abflachen von Linien im internationalen Vergleich. Wir blickten auf Zahlen und

Grafiken, welche die Entwicklung von messbaren Faktoren abbildeten. Diese Modelle versuchten, einen Trend für die Zukunft vorauszusagen. Die möglichen Szenarien, welche diese Voraussagungen durchspielten, basierten auf statistisch ermittelten Werten. Die Sicherheit, die diese Prognosen vermeintlich anboten, liess sich als apotropäischer Gegenzauber zur Panik ums Überleben angesichts dieses unsichtbaren Feindes verstehen. Das Ausmass des zu erwartenden Todes schien kalkulierbar. Andere Kurven versuchten die Entwicklung nachzuvollziehen, welche das Virus durchgemacht haben könnte. Dahinter steckte ebenfalls eine Sicherheitsfantasie: Wüsste man mit absoluter Bestimmtheit, wo dieses Virus ursprünglich herkommt, könnte man einen weiteren Ausbruch in Zukunft vielleicht verhindern.

Diesmal aber hatte man es versäumt, die Verbreitung dieser Infektionswelle rechtzeitig im Voraus zu erkennen. Das hatte eine Flut an stellvertretenden Vorhersagen zur Folge, die uns beruhigen sollten, im gleichen Mass aber eine Verunsicherung schürten. Das Unabwägbare weckte eine diffuse Angst. Wir lasen Prognosen darüber, welche Auswirkungen die Verbreitung des neuen Coronavirus haben könnte. Weitere Voraussagungen gaben Auskunft darüber, wie sich die Lage entwickeln würde, wenn es gelänge, die Übertragung der Infektion einzugrenzen. Zu Beginn der Coronakrise haben Szenarien, die im günstigsten Fall eintreten könnten, jenen, die im schlimmsten Fall auf uns zukämen, die Waage gehalten. Vorhersagen berechneten Eventualitäten, die zwar auf mathematischen Modellen basierten, aber dennoch Spekulationen blieben. Es waren Behauptungen, die Wünschenswertes heraufbeschworen und Mutmassungen darüber, was man zu befürchten habe. Wie an der Börse wetteten Politik, Wirtschaft und das Gesundheitswesen auf eine bestimmte

Entwicklung der Ereignisse, ohne mit Sicherheit zu wissen, ob diese Erwartungen tatsächlich eintreffen würden.

Es bleiben Vermutungen und Gedankenspiele, die Möglichkeiten aufzeichnen, ohne die Lage, in der wir uns vermeintlich unvorbereitet befinden, emotional in den Griff zu bekommen und intellektuell zu begreifen. Umso stärker verspüren wir das Bedürfnis, zu verstehen und eine Haltung gegenüber dem einzunehmen, was gerade passiert. Den Lockdown, der international ausgerufen wurde, verglichen einige mit einem Stillstand und versicherten sich gegenseitig, eine Entschleunigung könne auch wohltuend sein. Eine Fokussierung im Gegensatz zur Zerstreuung, die in einem vom Internet regierten Alltag erlebt wird. Einige sprachen davon, dass wir in verrückten Zeiten leben, andere fanden es interessant. Der Blick auf das Gewöhnliche hat sich in jedem Fall verrückt. Die Menschen verwenden seither vermehrt den Begriff des Merkwürdigen; sowohl im Sinne von etwas, das Verwunderung und Misstrauen auslöst, als auch für etwas, das es sich zu bemerken lohnt. Es ist eine Phase, der es eine besondere Aufmerksamkeit zu schenken gilt. Früh kam das Denkbild eines zu führenden Kampfs auf. Ein Kampf, der unhinterfragte Solidarität sowie äussersten Gehorsam und Aufopferung fordert. Nur so könne die zum Feind deklarierte Infektion schnellstmöglich überwunden werden. Einige waren sich allerdings nicht sicher, was das grössere Übel ist: Das Virus selbst, die Panik, mit der man auf dieses reagiert, oder die Gehorsamkeit, zu der viele sich sofort bereit erklärten. Das Gespenst eines wirtschaftlichen Zusammenbruchs wurde an dem Denkbild des *meltdown* (Kernschmelze) festgemacht. Ein Begriff, der bisher nur im Zusammenhang mit unvorhersehbaren Unfällen in Atomreaktoren verwendet wurde. Spekulationen über die wirtschaftlichen Konsequenzen des globalen

Lockdowns stellen uns vor die polemischen Fragen: Was ist wichtiger, die Gesundheit und das Leben oder der Lebensunterhalt und das Gedeihen der Geschäfte? Wie viel persönliche Freiheit darf man – oder muss man – dem allgemeinen Wohl opfern?

Aus gutem Grund hat die Intellektuelle Susan Sontag vor der Gefahr gewarnt, sich angesichts einer realen Katastrophe in einer Landschaft von Metaphern zu verlieren. Dennoch gibt auch sie zu: Ohne Bildsprache können wir nicht denken, besteht doch jede Reflexion aus einer Interpretation. In ihren Essays hinterfragt sie Metaphern, die über Jahrhunderte dazu verwendet wurden, epidemische Erkrankungen wie Tuberkulose, Krebs und Aids zu beschreiben. Sie ruft dazu auf, danach zu fragen, wie nützlich diese Metaphern aus der Vergangenheit weiterhin sind, oder ob es besser wäre, wenn wir uns von ihnen verabschiedeten. Wie zutreffend ist es, von einer Pandemie als Ausdruck eines göttlichen Zorns zu sprechen, der wegen sittenwidrigen Verhaltens über uns hereingebrochen ist? Stimmt das tradierte Gleichnis zwischen einer Epidemie und einer Störung des sozialen Körpers? Inwieweit neigen wir auch heute dazu, unsere Vorstellungen des «Bösen» auf eine Pandemie zu übertragen? Auf diese Weise erhalten Krankheiten eine moralische Bedeutung, die es uns erlaubt, Menschen zu verurteilen, die von ihr befallen sind. Und was wird sichtbar, wenn auf ein militärisches Bild- und Spracharsenal zurückgegriffen wird? Welchen Nutzen hat es, wenn heute der Ausbruch des neuen Coronavirus mit einem Einmarsch feindlicher Agenten verglichen wird? Ein unsichtbarer Feind, der uns belagert und in uns eindringt, sodass wir diesem Heer als Gemeinschaft den Krieg erklären müssen? Was wird durch diese bildhaften Vergleiche verschleiert oder gar ausgeblendet? Was wird dadurch sichtbar? Welche Befriedigung bieten diese metaphorischen Deutungen der Pandemie überhaupt? Sind solche Erklärungen gerade wegen ihrer Bildhaftigkeit sinnstiftend?

*

Kaum ein Intellektueller des 20. Jahrhunderts hat seine wissenschaftlichen Gedanken so geschickt in sprechende Denkbilder überführt wie der Psychoanalytiker Sigmund Freud. Bezieht sich der Titel dieses Essays auf jenen, den er ein Jahr nach Ausbruch des Ersten Weltkriegs geschrieben hatte, dann deshalb, weil er in «Zeitgemässes über Krieg und Tod» die Frage der Enttäuschung, die mit dem Einbruch einer realen Katastrophe in eine vermeintlich traute Welt einhergeht, an unsere Einstellung zum Tod anknüpft. Damals hatte die riesige Kriegsmaschinerie – und die Barbarei, die bei all jenen, die in diesem Krieg involviert waren, ausgelöst wurde – Freud zur Einsicht gebracht, die friedliche Einigung der Kulturweltbürger sei eine Täuschung gewesen. Heute sind wir unsererseits enttäuscht über die Mängel im Gesundheitswesen, über die widersprüchliche Kommunikation der Politiker, über die Verlässlichkeit der Expertinnen, aber vor allem über die Einschränkung unseres Rechts der Bewegungsfreiheit in einer global vernetzten Welt. Streng genommen aber besteht diese Enttäuschung darin, dass wir aus einer Täuschung herausgerissen worden sind. Das bestechende Argument, das Freud betreffend der Macht der Fantasie darlegt, besagt: Enttäuschung ist immer die Zerstörung einer Illusion, die uns befriedigt hat, weil sie uns unliebsames Wissen fernzuhalten wusste. Eigentlich aber müsste man ahnen, dass jedes Wunschdenken irgendwann Schiffbruch erleiden muss. Denn Illusionen werden unweigerlich, wie Freud bildhaft festhält, «irgendeinmal mit einem Stücke der Wirklichkeit zusammenstossen, an dem sie zerschellen.»

Die Illusion, die sich uns angesichts der Covid-19-Pandemie als eine Täuschung entpuppt, betrifft den hartnäckigen Glauben an unsere Unversehrtheit. Zwar wissen wir, der eigene Tod ist ein Naturgesetz und daher unleugbar und unvermeidlich, doch wir haben die Neigung, diesen aus unserem Leben auszublenden: Der eigene Tod ist für uns unvorstellbar. Wann immer wir versuchen, uns diesen vorzustellen, müssen wir eingestehen: Der eigenen Sterbeszene können wir nur als Zuschauende beiwohnen, die von ihr berichten können, weil wir sie überlebt haben. Freud schliesst daraus, dass im Unbewussten jeder von seiner Unsterblichkeit überzeugt sein muss. Die eigene Sterblichkeit zu ignorieren, heisst, etwas zu leugnen, das mit unserem leiblichen Dasein ganz wesentlich verwoben ist. Für diese Einbusse – da kommt die Macht der Illusion zum Tragen – suchen wir in der Welt der Fiktion Ersatz. Fast nostalgisch bemerkt Freud: «Dort finden wir noch Menschen, die zu sterben verstehen, ja, die es auch zustande bringen, einen anderen zu töten. Dort allein erfüllt sich uns auch die Bedingung, unter welcher wir uns mit dem Tode versöhnen könnten.» In der Welt der Fiktion dürfen wir uns mit Heldinnen und Helden identifizieren und mit ihnen sterben. Zugleich bleibt unser Leben unangetastet. Wir überleben und dürfen immer wieder unbeschädigt mit anderen Heldinnen und Helden sterben.

Wenn wir uns der Fiktion zuwenden, spielt der Wunsch, unliebsames Wissen fernzuhalten, eine entscheidende Rolle. Die Gefühlsambivalenz, die wir dabei erleben, erlaubt es, die eigene Sterblichkeit weiterhin zu ignorieren. Wir dürfen am Sterben eines anderen teilhaben und können uns zugleich einreden: Der Tod ist da, *vor uns*, aber nicht *für uns*. Es tritt jene Katharsis ein, die im Theater durch die Affekte Jammer und Schauder, Rührung und Schrecken erzeugt werden. Der beruhigende Sog, der von Todesdarstellungen ausgeht, dient dazu, uns zu versichern: Mir selbst kann nichts passieren. Genährt wird somit weiterhin die Illusion einer uneingeschränkten Kontrolle über unser physisches Dasein wie auch unsere Unbesiegbarkeit. Was aber passiert, wenn im Ausnahmezustand die Fiktion nicht lediglich einen befriedigenden Ersatz darstellt, sondern die Realität einholt, diese sogar nachahmt? Wie der Ausbruch des Ersten Weltkriegs in Freuds Gedankengang, so fegt die Covid-19-Pandemie diese konventionelle Einstellung gegenüber dem Tod weg. Auch im Jahr 2020 lässt sich der Tod nicht mehr verleugnen. Man muss an ihn glauben. Die Menschen sterben tatsächlich. Sie tun dies zudem nicht vereinzelt, sondern in Massen. Sie sterben nicht durch Zufall. Hinzu kommt, dass kein Mensch vor der Ansteckung gefeit ist.

Wir können die Illusion der eigenen Unverwundbarkeit nicht mehr aufrechterhalten. Wir müssen (wieder) ein anderes Verhältnis zum Tod einnehmen. Wenn Freud diese Enttäuschung mit dem Nachtrag relativiert, das Leben sei mit dem Ausbruch des Kriegs wieder interessant geworden, «es hat seinen vollen Inhalt wiederbekommen», ist das nicht zynisch gemeint. Vielmehr geht es ihm um die Einsicht, dass wir den Tod, den wir aus unserer Lebensrechnung normalerweise ausschliessen, obwohl wir immer von ihm wissen, wieder annehmen müssen.

Es gilt, die eigene Sterblichkeit, derer wir uns zwar stets gewiss sind, ernst zu nehmen. Die aufgezwungene Veränderung unseres Blicks lenkt auf die Tatsache, dass uns durchaus etwas passieren kann, auch wenn uns nichts passieren muss. Denn: Sosehr eine Häufung dem Eindruck des Zufälligen ein Ende setzt, so bleibt eine Spur Kontingenz. Jenseits der Welt der Fiktion, der Bücher, die wir lesen, und der Filme, die wir schauen, ist der Tod unumgänglich. Wann er eintreten wird, ist hingegen ungewiss.

Eine Enttäuschung, die wir seit Anfang März 2020 erleben, ist die Frage: Wie konnte es sein, dass wir auf diese Pandemie nicht vorbereitet waren? Was aber hiesse es, besser gerüstet zu sein? Betrifft es nicht vor allem jene veränderte Einstellung zum Tod, für die Freud eine reale Katastrophe, nämlich den Ausbruch des Ersten Weltkriegs verantwortlich machte? Zum Schluss seiner zeitgemässen Gedanken stellt er die Frage, ob es nicht besser wäre, dem Tod jenen festen Platz in der Wirklichkeit und in unseren Gedanken einzuräumen, der ihm gebührt. Es hätte nicht nur den Vorteil, dass wir unserer Versehrtheit mehr Rechnung tragen könnten, es würde uns auch das Leben erträglicher machen. Ist doch jede Illusion wertlos, die uns daran hindert, ein Stück Wirklichkeit zu ertragen, das sich nicht verleugnen lässt. Deshalb erinnert Freud an das alte Sprichwort: «Wenn du den Frieden erhalten willst, so rüste zum Kriege.» Dabei geht es ihm um eine zeitgemässe Abänderung: «Wenn du das Leben aushalten willst, richte dich auf den Tod ein.» In der Vorstellung, sich auf die eigene Versehrtheit besser vorzubereiten, liegt ein Trost, wenn auch ein sehr ernüchternder.

Freuds Mahnung ruft bei mir ein Denkbild nicht aus dem Ersten Weltkrieg, sondern aus dem Zweiten hervor. 1947 kam in Deutschland der Trümmerfilm mit dem Titel *Zwischen gestern und morgen* heraus. Auch wir befinden uns gegenwärtig in einem Zeitraum dazwischen. Jeden Tag erhalten wir widersprüchliche Informationen. Ständig müssen wir unseren Blick dementsprechend justieren. Die vertraute Welt mag gewaltsam unterbrochen worden sein, zugleich wissen wir, etwas anderes wird sich unwillkürlich einstellen müssen. Bis dahin aber sind wir ganz im Jetzt. Noch können wir nicht vorhersagen, ob das zukünftige Morgen die alten Zustände wiederherstellt oder ob ein radikaler Bruch mit dem Gewesenen stattfinden wird. Wir können uns lediglich unseren persönlichen Spekulationen hingeben.

Der Philosoph Walter Benjamin hat in seinem Essay «Über den Begriff der Geschichte» das Denkbild «Jetztzeit» geprägt. Bei diesem Begriff geht es ihm um den Bruch mit dem Kontinuum einer stets voranschreitenden Zeit, in dem das Potenzial für eine grundsätzliche Umwälzung der Gesellschaft entdeckt werden könnte. Laut Benjamin kommt dieser Bruch der schockartigen Einsicht gleich, dass der Traum des ständigen Wachstums, als Fortschrittssturm begriffen, einen immer grösseren Trümmerhaufen hinter sich lässt und es deshalb einen radikalen Wandel braucht. Entscheidend an der Erkenntnis, zu der uns die Jetztzeit zwingt, ist weder eine ähnliche Einschätzung des Kapitalismus, noch beschränkt sich diese Erkenntnis allein auf die Frage, ob ein harter Neustart oder ein sanftes Aufgreifen der vergangenen Zustände erwünscht ist. Entscheidend ist vielmehr die Erwartung, mit der wir auf unsere gegenwärtige Lage, auf dieses Jetzt blicken. Von dieser – aus der gewohnten Zeit herausgesprungenen – Gegenwart versprechen wir uns etwas, wovon wir jetzt noch nicht wissen, was es sein könnte. Es ist für alle eine schillernde Zeit des Rückblicks und der Prognosen. Die Virologinnen und Virologen, Politikerinnen und Politiker sowie Wirtschaftsexpertinnen und Wirtschaftsexperten bieten uns Vorhersagen an, die sich widersprechen, ständig wandeln und wiederholt neu bewertet werden. Es ist eine Zeit der Projektionen im doppelten Sinn: Wir schauen in die Zukunft und erzählen uns gegenseitig Geschichten über das, was wir befürchten, aber auch darüber, was wir erhoffen. Wir begegnen den Statistiken und Spekulationen mit unserem eigenen spekulativen Fabulieren. Dieses passt sich unseren persönlichen Beurteilungen der Lage und den öffentlichen wie auch medialen Neueinschätzungen immerfort an.

Es geht nicht nur darum, dass vertraute Gegenstände unseres Alltags verdächtig geworden sind: Türklinken, Treppengeländer, Ampelknöpfe, Tasten auf jedem Kartenlesegerät, jedes metallene Objekt, selbst der eigene Schlüsselbund, und sogar jedes Stück Stoff, sei es, dass wir es zum Schutz vor Mund und Nase tragen oder an den Händen. Jede Begegnung, jede Berührung weckt das Misstrauen, könnte potenziell gefährlich sein; durch die Entbehrung aber umso stärker begehrt. Es geht auch darum, dass wir auf den Bruch mit dem Gewöhnlichen eine Vielfalt an Wunschfantasien übertragen. Wie ein Spiegel zeigt uns diese Jetztzeit das utopische Verlangen und die dystopischen Albträume, die jeweils in uns stecken, als einzelne Wesen oder als Kollektiv. Tempus dieses spekulativen Fabulierens ist das Futur II. Die Zukunftsentwürfe werden durchgespielt, so, wie es gewesen sein wird.

Meine persönliche Spekulation kreist um eine Fantasie, dass diese Jetztzeit uns etwas sichtbar machen könnte, sofern wir bereit sind, uns darauf einzulassen. Sie bietet die Chance, unsere Zukunft zu erwägen, basierend nicht auf messbaren Kalkulationen, sondern auf Nachdenken über das Mögliche. In der Zeit des Stillstands können wir eine Vielzahl an Szenarien durchspielen. Wir können uns zuerst in das eine Szenario hineindenken, bis wir uns davon verabschieden, um uns mit ebenso viel Leidenschaft auf das nächste einzulassen. Deshalb lohnt es sich, einen kritischen Blick auf alle Denkfiguren zu werfen, die in den letzten Monaten im Umlauf gewesen sind.

Bei diesem Versuch, den Ausbruch der Covid-19-Pandemie durch die Brille sinnstiftender Geschichten zu verstehen, gilt es zu fragen: Was passiert, wenn Fiktion zu einer realen Katastrophe wird? Was verdeutlichen oder was verbergen solche

Bilder? Wie verschiebt sich unser Blick? Welche moralische Bedeutung wird auf das Ereignis projiziert? In der Schwebe gehalten zwischen gestern und morgen, wissen wir nicht, ob wir danach bewusster leben werden. Vielleicht werden wir alles ganz schnell vergessen und uns – jetzt erst recht – in den Strom der Bewegungen jeglicher Art stürzen. Zurückgeworfen auf unser ganz persönliches Hellsehen, könnten wir aber stattdessen auch die Zeichen so lesen, dass wir das Leben besser aushielten, würden wir unsere Verwundbarkeit bewusster annehmen.

KRIEG UND VIREN: EINE GEGENSEITIGE SPIEGELUNG

Zurückgezogen in unsere privaten Wohnräume, suchen wir Zeitvertreib und Trost beim Lesen von Geschichten; am liebsten bei solchen, die sich mit fiktionalen Darstellungen von Epidemien befassen. Dort finden wir Vergewisserung unseres persönlichen Wohlbefindens. Wir können an den Irrungen und Wirrungen teilnehmen, welche die Romanfiguren angesichts des Todes erfahren, und bleiben dennoch von einer eigenen Ansteckung verschont. *Die Pest* von Albert Camus ist in diesen Zeiten besonders populär – in Italien war der Roman zeitweise vergriffen. Als das Buch 1947 veröffentlicht wurde, war der Autor bereits als nationaler Held der Résistance berühmt. Marschall Philippe Pétain, der die Vichy-Regierung nach der Niederlage gegen die deutsche Armee gegründet hatte, war auch bereits wegen Kollaboration vor Gericht gestellt und verurteilt worden. Zugleich lag das Trauma des Kriegs unverarbeitet in der Luft. Die zwielichtigen Verstrickungen, die viele Franzosen mit den siegreichen Feinden unterhalten hatten, wurden in der Öffentlichkeit noch nicht richtig verhandelt. Deshalb war es auch naheliegend, die Beulenpest, welche in Camus' Roman eine Küstenstadt im Nordwesten von Algerien befällt, als politische Allegorie für die deutsche Besatzung

Frankreichs während des Zweiten Weltkriegs zu lesen. Indem der Autor weder anklagt noch urteilt, stattdessen eine unparteiische Chronik der Ereignisse anbietet, traf Camus 1947 bei der Veröffentlichung seines Romans den herrschenden Zeitgeist.

Von diesem konkreten historischen Bezug losgelöst, lässt sich *Die Pest* aber ebenfalls als ein Musterbeispiel dafür lesen, wie der Ausbruch einer tödlichen Seuche dem Leben seine Ernsthaftigkeit – von der Freud in seinem Essay spricht – wiedergibt. Für die Bevölkerung der Hafenstadt Oran wird der Alltag durch den Ausbruch deshalb wieder interessant, weil der Tod sich nicht mehr verleugnen lässt und das gewöhnliche Leben dadurch seinen vollen Inhalt bekommt. Angesichts der Covid-19-Pandemie bietet uns dieser Roman auch heute eine präzise Beschreibung davon, wie Menschen reagieren, wenn sie knapp ein Jahr lang in einer von Krankheit belagerten Stadt eingesperrt sind. Auch wenn man die eigentliche Krankheit bei dieser Lesart in den Vordergrund rückt, bleibt die Analogie zwischen Krieg und Virus erhalten. Camus' Figuren setzen sich gegen die Infektion zur Wehr, als wäre diese ein feindliches Heer. Die Lektüre dieses Romans bietet nicht nur Befriedigung, weil wir uns mit den verschiedenen Protagonisten identifizieren, sondern auch, weil die Geschichte im Rückblick erzählt wird. Der Arzt Dr. Bernard Rieux verfasst seine Chronik, nachdem eine gewisse Normalität in die Stadt zurückgekehrt ist. Während wir als Lesende die verschiedenen Stadien der Infektion miterleben, wissen wir: Die Pest wurde überwunden.

Es beginnt mit ominösen Zeichen, die bei Dr. Rieux eine Vorahnung hervorrufen. Ratten verlassen ihre Schlupflöcher und sterben zuhauf auf Treppen, Türschwellen und offener Strasse. Der Tod eines Mannes, dessen Lymphknoten anschwellen, löst bei der Bevölkerung Erstaunen und schliesslich Panik aus. Die Behörden zögern anfänglich, zu handeln. Der Präfekt will nicht glauben, dass es sich um die Pest handelt. Er ist überzeugt, dass diese hochansteckende Krankheit längst ausgerottet sei. Es fehlt ihm fatalerweise – darauf kommt der Erzähler Dr. Rieux immer wieder zu sprechen – an Imagination. Diese Art der Verleugnung ist auch in der Bevölkerung verbreitet. Dr. Rieux führt diese Ignoranz darauf zurück, dass die Menschen sich etwas Unliebsames nur ungern vorstellen wollen. «Wenn Krieg ausbricht», stellt er nüchtern fest, «sagen die Leute: Das wird nicht anhalten, es ist doch zu stupide und unwirklich», und das Gleiche sagen sie nun auch über die Seuche. Die meisten Menschen in der Stadt halten beides für einen schlechten Traum, der bald vorbei sein wird. Sie reden sich ein, es sei noch immer möglich, so zu leben wie vorher, und verfestigen damit in ihren Gedanken die Illusion, diese Infektion sei nur eine vorübergehende Unannehmlichkeit. Nicht aber die Pest geht zu Ende, stattdessen das menschliche Leben.

Die Zahl der Toten und die wachsende Anzahl der Infizierten verwandeln, was anfangs noch undenkbar schien, unübersehbar in eine Wirklichkeit. Doch erst das Telegramm der Landesregierung zwingt den Präfekten, die Pest anzuerkennen, den Notstand auszurufen und die Stadt abzuriegeln. Die zweite Phase, die mit dem Lockdown einsetzt, macht eine merkwürdige Parallele zu heute deutlich: Die Bewohner sind gezwungen zu erkennen, dass sie alle ausnahmslos betroffen sind. Von der restlichen Welt abgeschnitten, müssen sie sich zudem mit der Enttäuschung abgeben, dass sie für die Dauer der Infektion von allen ihnen nahestehenden Personen, die nicht in der Stadt sind, getrennt bleiben werden. Die verstärkte Polizeipräsenz an den Stadttoren macht ihre Gefangenschaft und ihr erzwungenes Exil deutlich. Resigniert geben sich die Einwohner den staatlich verordneten Freiheitsbeschränkungen hin. Noch immer verstehen sie nicht, was um sie herum geschieht. Dennoch akzeptieren sie, dass sie nun von einem Tag zum nächsten leben müssen, ohne jegliche Gewissheit, was noch kommen wird.

Einige nehmen diese neue Gleichförmigkeit des Alltags als zufälliges, wenn auch ärgerliches Ereignis hin. Andere entdecken darin eine quasireligiöse Wahrheit, als wären sie für ein ihnen unbekanntes Verbrechen zu einer unvorstellbaren Freiheitsstrafe verurteilt worden. Wiederum andere meinen, der Pest einen Nutzen abzugewinnen, hat diese den Leuten doch die Augen geöffnet und sie zum Nachdenken gezwungen. Ein Journalist, der als Berichterstatter nach Oran gekommen ist, flüchtet sich in die Fantasie, er könne trotz der Abriegelung aus der Stadt fliehen. Ein entfernter Bekannter des Arztes beginnt, Tagebuch zu schreiben, um im Sinne einer Zeugenschaft für die Aussenwelt seine Eindrücke festzuhalten. Er stellt sich zudem für ein Gesundheitsteam zur Verfügung, das sich freiwillig aus der Bevölkerung formiert hat, obgleich er sich somit der Ansteckungsgefahr direkt aussetzt. Es ist sein Verantwortungsgefühl, das ihn dazu bewegt. Im Gegensatz dazu entwickelt sich ein anderer Mann zum Profiteur der Krise. Wollte er sich vor dem Ausbruch der Krankheit noch das Leben nehmen, hat die Krise ihm wieder Lebensmut gegeben. Er beginnt, mit rationierter Ware auf dem Schwarzmarkt zu handeln.

Diese beiden unterschiedlichen Handlungsweisen zeigen das Spektrum an Möglichkeiten, wie unterschiedlich sich einzelne Figuren in dieser neuen Gegenwart – da kein Ende in Sicht ist – einrichten. Das dritte Stadium ist von den sichtbaren Auswirkungen der Belagerung gekennzeichnet. Einige Bezirke werden unter Quarantäne gestellt, ein allgemeines Schwimmverbot wird ausgerufen, und die Lebensmittelversorgung wird immer knapper. Die Vielzahl der Toten bringt ein weiteres Problem mit sich. Die Behörden sind gezwungen, die Bestattungen zu beschleunigen, und entscheiden, jene Leichen, die auf dem Friedhof keinen Platz mehr haben, zu kremieren. Je länger sich die Pest hinzieht, desto klarer wird den Einwohnern, dass dieses Unglück nicht spektakulär, sondern monoton ist. Das Leiden verliert sein anfängliches Pathos. Die Menschen werden gezwungen, anzuerkennen, dass die Pest weder erhaben noch schrecklich ist. Auf diese Belagerung lässt sich keine zusätzliche moralische oder psychologische Bedeutung projizieren. Vielmehr entpuppt sich die Infektion als etwas schlicht Systematisches, das fehlerfrei und mit grösster Effizienz operiert, gerade weil es ubiquitär eingreift und stur sein tödliches Ziel verfolgt. Bei der Stadtbevölkerung tritt Niedergeschlagenheit und blinder Egoismus an die Stelle der empathischen Gefühlsausbrüche der ersten Wochen. Tag für Tag ist ihr Leben von einer Monotonie beherrscht: dieselbe Resignation, dieselbe Geduld. Die Ungewissheit, wie lange diese Krise andauern wird, ist betäubend und zermürbt die Menschen. Ein Zustand, der weder Illusionen noch apokalyptische Fantasien erlaubt, in die sie flüchten könnten.

Alle, auf die Dr. Rieux trifft, geben sich diesem System hin. Zusammen mit ihren Erinnerungen an die Welt von gestern scheint ihnen auch die Kraft zur Hoffnung verloren gegangen zu sein. Die vierte Phase, jene der Erschöpfung, setzt ein. In dieser hat es keinen Platz mehr für Sentimentalitäten. Der entschlossene Kampf gegen die Pest hat die Bewohner von Oran noch hilfloser gegen sie gemacht. In einer gewissen Weise kollaborieren sie alle, wenn auch durch ihren Widerstand, denn durch diesen ist die Krankheit als neues Regime ubiquitär geworden. Die Erkenntnis, dass jede und jeder infiziert und somit auch ansteckend sein könnte, führt aber weder zur Vereinzelung noch zu Ausgrenzungen. Die sich schnell verbreitende Gefahr fördert den Gemeinschaftssinn der Bewohner.

Selbst der Journalist, der sich anfangs noch als Fremder in der Stadt fühlte, gesteht dem Arzt, seine Erfahrungen während der Ausnahmesituation hätten ihn zu einem Teil der Stadt gemacht. Mit der wachsenden Anzahl der Todesopfer nimmt die emotionale Belastung der Betroffenen zu. Schliesslich beginnt die Kurve abzuflachen. Die Presse versucht um jeden Preis, Optimismus zu verbreiten. Obwohl ein Serum zu wirken scheint, ist die Plage noch nicht ganz überstanden. Heimtückisch blitzt die Infektion noch einmal kurz auf, und einzelne Unglückliche sterben. Trotz dieser letzten Opfer deutet sich der Rückzug an. Die Krankheit hat sich sichtlich selbst erschöpft. Das letzte Stadium setzt mit einem deutlichen Rückgang der Zahl der Infizierten ein. Alles deutet darauf hin, dass die Einwohner von Oran ihr normales Leben bald wieder aufnehmen können. Schliesslich kündigt der Präfekt offiziell an, man habe die Epidemie unter Kontrolle.

Die Tore der Stadt werden wieder geöffnet, der Verkehr auf den Strassen nimmt zu, die Züge fahren wieder am Bahnhof ein, und Menschen, die für die Dauer der Belagerung voneinander getrennt waren, werden wieder vereinigt. Mit dem Verschwinden der Todesgefahr hat sich die Angst verflüchtigt. Gegenseitig versichern sich die Menschen, dass sie gemeinsam gelitten hätten, das Leben aber nun doch obsiegte. In ihren Augen hat die Kriegssituation Einheit gestiftet und das Gefühl einer Gemeinschaft im vereinten Widerstand gegen die Pest gefördert. Euphorie breitet sich aus. Überall in der ganzen Stadt Oran wird gemeinsam gefeiert. Zugleich aber wollen auch alle wieder an die eigene Unbesiegbarkeit glauben. Nur der Arzt weiss, dass seine Chronik nicht die Geschichte eines endgültigen Siegs sein kann. Während er den Jubel auf den Strassen vernimmt, erinnert er sich – und somit auch die Leserinnen und Leser – daran, dass diese Freude weiterhin bedroht ist. Er weiss, was die feiernde Menge zu ignorieren versucht, obwohl es im Archiv der Pandemieliteratur nachzulesen wäre: Der Pestbazillus stirbt nie ab, er verschwindet nie ganz. Er kann für viele Jahre inaktiv in Möbeln und Kleidern ruhen. Geduldig wartet er in Schlafzimmern, Kellern, Koffern, Taschentüchern und alten Papieren.

Der letzte Satz des Romans ist eine Mahnung an uns Lesende. Er appelliert an unsere Imagination, damit wir in Zukunft besser vorbereitet sein mögen: «Vielleicht wird der Tag kommen, wenn, zum Unglück und zur Belehrung der Menschen, die Pest wieder ihre Ratten aufwecken und in eine glückliche Stadt schicken wird, um dort zu sterben.» Camus bleibt bis zum Schluss bei der Kriegsmetapher. Die Befreiung der Stadt Oran ist lediglich dem Rückzug von erschöpften feindlichen Truppen geschuldet. Ein neuer Einmarsch wird unweigerlich folgen. Dieser kann – und wird – eine andere Stadt treffen, die sich jetzt noch glücklich schätzt und in der Illusion wähnt, das Glück wäre immer auf ihrer Seite. Zugleich wertet der Erzähler Dr. Rieux seine Geschichte als Zeugnis, das seine Autorität daraus bezieht, dass er das Massensterben als Zeitzeuge miterlebt hat. Die Unvermeidbarkeit von neuen Epidemien ist eine Erkenntnis, die wir aus Romanen wie *Die Pest* ziehen könnten. Diese Evidenz jedoch nicht zur Kenntnis nehmen zu wollen, kommt einer Ignoranz gleich. Entscheidend für Camus' philosophische Warnung, man könne es sich nicht leisten, eine Seuche für unglaubwürdig zu halten, ist eine doppelte Zuschreibung. Einerseits stellt die Rückkehr dieser Krankheit ein Unglück dar. Andererseits dient sie auch als korrigierende Instruktion für all jene, die sich zufrieden im Glauben ihrer Unversehrtheit eingerichtet haben.

Die von Camus fiktiv durchgespielte Entsprechung zwischen einer kriegerischen Aktion und einer tödlichen Infektion hat mit dem Ausbruch von Covid-19 eine erstaunliche Konjunktur. Wie adäquat ist ein Denkbild, welches das Virus als Feind konzipiert, gegen den eine Gesellschaft sich kämpferisch zur Wehr setzen muss? Und was wird damit eigentlich erzählt? Eindrücklich hat Frankreichs Präsident Emmanuel Macron in seiner Rede «*Adresse aux Français*» am 16. März 2020 wiederholt einen Kriegszustand ausgerufen. Es ging ihm darum, seine Landsleute auf die drakonischen Schutzmassnahmen vorzubereiten, die in dieser aussergewöhnlichen Lage notwendig seien. Gleich zu Beginn seiner Rede hält er fest, dass noch nie zu Friedenszeiten solch eine radikale Beschränkung des eigenen Haushalts notwendig gewesen sei. Wie ein Staatsmann bei Ausbruch einer militärischen Krise verkündet Macron die Einschränkung im öffentlichen Raum und versichert, diese Massnahmen mit Verboten, Kontrollen und Strafen entschlossen durchzusetzen. Dieser disziplinierenden Strenge folgt ein emotionaler Appell, in dem er die Verantwortung und Solidarität seiner Landsleute abruft. Beides erinnert an die französische Militärgeschichte. Mit rhetorischem Pathos verkündet er sechsmal hintereinander «*nous sommes en guerre*» und präzisiert, um welche Art des Kriegs es sich handelt, in dem sich Frankreich mitten im Frieden plötzlich befindet: einen Gesundheitskrieg. Gekämpft wird nicht gegen eine Armee, nicht gegen eine andere Nation: «Vielmehr ist unser Feind da, unsichtbar und unergründlich schreitet er vorwärts. Und das fordert unsere allgemeine Mobilmachung.»

Dieser Aufruf unterstreicht die Dringlichkeit der Einschränkungen. Fortan, versichert er seinen Zuhörerinnen und Zuhörern, widmen sich die Regierung und das Parlament ausschliesslich dem Kampf gegen die Pandemie. Zugleich kommt die Deklaration einem Sprechakt gleich, bei dem die Äusserung bereits als Handlung verstanden werden soll. Macrons mehrfach wiederholter Hinweis auf den Krieg, in dem sich Frankreich vermeintlich befinde, folgt der Intention, ein Gemeinschaftsgefühl zu erzeugen. Der Hinweis auf einen unsichtbaren Feind, der nur gemeinsam überwunden werden kann, soll über alle Klassen und ethnischen Differenzen hinweg eine nationale Einheit bilden. Von seinen Beratern perfekt konzipiert und orchestriert, spielt Macrons Auftritt bewusst mit einem Gemeinplatz: Keine Krise ist so geeignet, um an einen uneingeschränkten Patriotismus zu appellieren, wie eine militärische. Sie setzt den Schutz des Vaterlands an vorderste Stelle. Umso bezeichnender ist es, dass Macron ein letztes Mal auf die Kriegslage zu sprechen kommt, wenn es um die 30-tägige Schliessung der Grenzen geht. Es erlaubt ihm, angesichts dieser Ausnahmesituation ein besonderes Recht anzusprechen, das allen Französinnen und Franzosen zusteht: Er versichert den Landsleuten, die sich momentan noch im Ausland befinden, seine uneingeschränkte Unterstützung bei der Rückführung in die Heimat.

Opfer zu erbringen, Einschränkungen zu akzeptieren und dabei weder Panik noch Unruhe zu verbreiten – das sind Denkbilder, die den Französinnen und Franzosen aus der Literatur, den Wochenschauen und Filmen früherer europäischer wie kolonialer Kriege vertraut sind. Sie fungieren im Abstrakten wie jene Mythen des Alltags, über die der Kulturkritiker Roland Barthes festgehalten hat, sie seien von jeder historischen Besonderheit losgelöst. Mit Macrons Appell an den Kriegszustand werden die konkreten Konflikte verschleiert, die zur Beschleunigung der Pandemie beigetragen haben: Der Unwille der Bevölkerung, die Bedrohung ernst zu nehmen, und ein auf die Herausforderung nicht vorbereitetes Gesundheitswesen, weil sich niemand das Ausmass vorstellen konnte. Der von Präsident Macron mit autoritärem Pathos vorgetragene Ausruf «Wir befinden uns im Krieg» braucht keinen konkreten Verweis auf eine historische Realität. Damit die Evokation einer Gefahr – die streng genommen kein militärischer Konflikt ist – nationale Einheit über das gemeinsame Einschwören auf Gehorsamkeit hervorbringt, ist es sogar notwendig, dass der Appell abstrakt gehalten wird. Die Siege und Niederlagen aus Frankreichs Geschichte schwingen als Subtext mit, wenn Macron seine Ansprache mit einem letzten Denkbild beendet: «Der Tag danach, wenn wir gesiegt haben werden, wird keine Rückkehr zum vorherigen Tag sein. Wir werden jedoch moralisch stärker sein, wir werden eine Erfahrung gemacht haben, und ich werde bei Ihnen sein und alle Konsequenzen mittragen.» Der unerschrockene Blick des Staatsoberhaupts – das haben seine Berater geschickt kalkuliert – beeindruckte die Landsleute. Erfolgreich bedient diese Darbietung des Souveräns, der den Ausnahmezustand ausruft, eine lange Tradition des politischen Gefühls der Franzosen. Präsident Macron erfuhr nach dieser Ansprache von der Bevölkerung grossen Zuspruch. War bis anhin sein Regierungsstil in der Bevölkerung unbeliebt, überzeugte er laut Statistik nun 76 Prozent der Bürgerinnen und Bürger Frankreichs mit seinen Worten.

Auch die deutsche Kanzlerin Angela Merkel, die normalerweise keine Fernsehansprachen hält, greift am 18. März 2020 in ihrer Rede die Ausnahmesituation eines Kriegs auf, um strenge Massnahmen zu rechtfertigen. Im Gegensatz zu ihrem Kollegen sagt sie nicht, dass Deutschland sich im Krieg befinde, vielmehr erklärt die promovierte Physikerin, gänzlich unaufgeregt und knapp: «Es ist ernst, nehmen Sie es auch ernst. Seit der deutschen Einheit … nein, seit dem Zweiten Weltkrieg gab es keine Herausforderung für unser Land, bei der es so sehr auf unser gemeinsames solidarisches Handeln ankommt.» Die Selbstkorrektur war ein brillanter rhetorischer Schachzug. Der Mauerfall wird rückblickend zur Linse, durch die nochmals auf jene berühmte «Stunde null» geblickt werden soll, die den Untergang des Nationalsozialismus vor 75 Jahren benennt. Nicht der Krieg selbst ist der Referenzpunkt für die Solidarität, die Merkel fordert, sondern die Haltung nach dem Krieg, jener Zusammenhalt in der Bevölkerung, der damals nötig war, um die Niederlage zu überwinden. Implizit ruft Merkel die Erinnerung daran auf, wie aus den Ruinen deutscher Städte ein Wirtschaftswunder entstehen konnte. Zugleich weist sie darauf hin, welch langwieriger Prozess die Bewältigung der Kriegsvergangenheit ist.

Auch Merkel appelliert an die Idee der Gemeinschaft, aber nicht wie Macron im Sinne einer nationalen Einheit, sondern einer Anstrengung, die gemeinsam aufgebracht werden muss. Der Kampf gegen die Covid-19-Pandemie wäre einmal mehr Grund für die deutsche Bevölkerung, um sich bereit zu erklären, eine schwere Krise im Land zu überstehen. Allerdings könnten sie diese Anforderung nur gemeinsam stemmen. Dabei schwingt zumindest für mich zwischen den Zeilen eine weitere berühmt-berüchtigte Behauptung der Bundeskanzlerin mit. Versucht sie nicht auch dieses Mal, ihre Landsleute davon zu überzeugen: «Wir schaffen das»? Fast war sie schon eine *Lame-duck*-Kanzlerin, in dieser Krise aber wurde sie wieder ein politischer Star.

Weitaus subtiler sind die Anspielungen in der Ansprache der britischen Königin Elisabeth II. am 5. April 2020, die aus dem Windsor Castle übertragen wird. Dabei verkörpert sie selbst jene fröhliche Entschlossenheit, die sie ihren Landsleuten als nationale Eigenschaft zuschreibt. Ruhig und gefasst erinnert sie sich an die erste Radiosendung, die sie mithilfe ihrer Schwester Margaret am 13. Oktober 1940 machte. Sie war ebenfalls von Windsor Castle aus gesendet worden und an alle Kinder gerichtet, die im Zuge des Luftkriegs über Grossbritannien evakuiert und von zu Hause weggeschickt wurden. Sind heute wieder Familien und Freunde voneinander getrennt, macht der Verweis der Queen auf die damalige Massnahme deutlich, dass diese Entbehrung gerechtfertigt ist. «Aber heute wie damals», versichert sie dem britischen Volk, «wissen wir tief in uns, dass wir das Richtige tun.» Appelliert wird nicht nur an ein Gefühl der Gemeinsamkeit, von dem sie mit ihrer Ansprache behauptet, dass es auch weiterhin in ihrem Reich Gültigkeit hätte, ihre persönliche Erinnerung an das Jahr, welches in den Annalen des Zweiten Weltkriegs als Englands *finest hour* gewertet wird, gilt dem Durchhaltevermögen als nationaler Eigenschaft.

Sie spricht aber nicht vom Sieg über einen unsichtbaren Feind. Ihr souveränes Auftreten versprüht vielmehr eine tröstende Hoffnung. Sie zeigt sich zuversichtlich, dass in der Zukunft der Frühling 2020 ebenfalls als eine der besten Stunden der britischen Nation in Erinnerung bleiben wird, weil auch diesmal ihre Landsleute bereit waren, Opfer zu erbringen. Die politische Sentimentalität, auf die sie setzt, ist ihre eigene Überzeugung, dass bessere Tage zurückkehren werden. Dieses Versprechen ist umso ergreifender, weil es sehr schlicht daherkommt: «Wir werden wieder mit unseren Freunden zusammenkommen, mit unseren Familien wieder vereint werden. *We will meet again.*» Der letzte Satz, fast beiläufig hinzugefügt, ist die Pointe. Es handelt sich dabei nicht nur um ein Treffen in der Zukunft, sondern um ein Wiedersehen mit der Vergangenheit. Die berühmte Volkssängerin Vera Lynn hatte 1939 ein Lied mit dem Titel *We'll Meet Again* aufgenommen, das emblematisch für die stoische Haltung der Briten im Zweiten

Weltkrieg wurde. Im gleichnamigen Film von 1943 dient der Einsatz, den dieser Star selbst in der Truppenbetreuung leistete, als autobiografischer Hintergrund für ein Liebesmelodrama in Kriegszeiten.

Doch in diesem Satz, in dem Erwartung und Erinnerung sich die Waage halten, ist noch mehr versteckt: Vera Lynn, die 1917 geboren wurde, wäre als Zweijährige fast an der Spanischen Grippe gestorben. Eine Pandemie, die sich im Anschluss an den Ersten Weltkrieg zwischen 1918 und 1920 mit verheerenden Folgen verbreitete. Fast drei Monate war die kleine Vera damals auf einer Isolationsstation in Quarantäne. Die Mutter liess das Weihnachtsfest, das ihre Tochter wegen der schlimmen Erkrankung versäumt hatte, samt Weihnachtsbaum an ihrem Geburtstag am 20. März 1920 nachfeiern. Vera Lynn, die zwei Weltkriege und eine andere tödliche Infektion überstanden hat, ist diesen Juni – allerdings nicht an den Folgen von Covid-19 – im Alter von 103 Jahren verstorben.

Ein weiterer Hinweis darf in diesem Zusammenhang nicht fehlen: Die Festlichkeiten zum 75-Jahre-Jubiläum der deutschen Kapitulation am 8. Mai 1945 sind weitgehend wegen der Coronamassnahmen abgesagt worden. Dem Sieg der Alliierten wird in Erinnerungsberichten in den Medien gedacht. Er wird in dieser Zeit zur Referenz und einem Massstab für einen global geführten Gesundheitskrieg. In diesem kämpfen verbündete Nationen nicht gegeneinander, sondern gemeinsam gegen einen Feind, der umso hartnäckiger um sich greifen konnte, weil er in vielerlei Hinsicht unbekannt war.

*

Der US-amerikanische Präsident Donald Trump stilisiert sich in der Pressekonferenz vom 18. März 2020 – wenn auch ohne rhetorische Eleganz – zum *wartime president,* der die Nation gegen eine Invasion verteidigen muss. Sein politischer Furor ist bewusst rassistisch gefärbt, indem er von «unserem Krieg gegen das chinesische Virus» oder auch von «Kung-Flu» spricht. Der Einsatz von zwei Krankenhausschiffen – «Mercy» (Gnade) und «Comfort» (Trost) – soll den Verwundeten gegen den fremden Eindringling an den Frontlinien in Los Angeles und New York zu Hilfe kommen. Explizit beruft sich Trump dabei auf den «Defense Production Act», der 1950 am Anfang des Koreakriegs erlassen wurde, um im Kontext des Kalten Kriegs eine Mobilisierung zum Schutz der Zivilbevölkerung in Gang zu setzen. Die Bilder aber, an die er erinnerte, gehören zum Zweiten Weltkrieg, der bis heute als einziger *good war* in die Annalen der US-Geschichte eingegangen ist: Junge Männer, die sich nach dem Angriff auf Pearl Harbor freiwillig zum Kampf meldeten, und Fabrikarbeiter, die rund um die Uhr Kampfschiffe herstellten. Trump verlässt sich darauf, dass sich seine Wählerinnen und Wähler mit patriotischem Stolz an diese Kriegsszenen erinnern werden. Deshalb reicht ihm auch der floskelartige Aufruf, sie alle seien jetzt an der Reihe, gemeinsam ein Opfer für das Wohl der Nation zu erbringen.

Allerdings geht es diesem Präsidenten nicht um konkrete Forderungen, sondern vielmehr um jenen spezifisch amerikanischen Optimismus, der auf die Vorstellung einer Widerstandsfähigkeit im Allgemeinen setzt. Damit blendet er die realen Konflikte und Widersprüche der amerikanischen Gesellschaft aus. Trumps rhetorisches Pathos bedient sich Superlativen. Auch er spricht vom neuen Coronavirus – ähnlich wie sein französischer Amtskollege – als einem unsichtbaren Feind. Bei Trump ist es der härteste aller Feinde. Allerdings ist er zuversichtlich, dass die amerikanische Bevölkerung diesen heimtückischsten aller Angreifer besiegen würde. Zudem werde seine Regierung dies schneller bewerkstelligen, als ursprünglich geplant war. «Es wird», prophezeit er, «ein totaler Sieg sein.» Den Superlativ wendet er also nicht nur auf die Bedrohung der nationalen Sicherheit an, sondern auch auf die Art, wie das amerikanische Volk darauf reagieren wird. Seine Weissagungen sind allerdings Spekulationen. Seine Behauptungen basieren weder auf Fakten, noch sollen sie das. Es geht ihm vielmehr darum, wie ein Impfstoff das Gefühl eines nicht hinterfragbaren Selbstvertrauens zu verbreiten. Wie sehr Trump in seiner Selbststilisierung als *wartime president* an historischen Vorgängern gemessen wird, zeigt sich in einem Kommentar von Stephen Bannon, dem ehemaligen Strategen des Weissen Hauses. Mehrfach hat er nach dieser Pressekonferenz in Interviews erklärt (und das unter anderem mit Peter Nicholas von der Zeitschrift THE ATLANTIC), dies sei «Donald Trumps Churchill-Moment». Die Coronapandemie würde nicht nur seine Amtszeit definieren, sondern ihm zudem einen Platz in der Geschichte sichern.

Wenige Wochen später findet der Journalist und Schriftsteller George Packer in der gleichen Zeitschrift einen weniger hehren historischen Vergleich. Wenn überhaupt ein Kriegsbild bemüht werden könne, dann erinnere der US-Präsident viel eher an den Gründer des Vichy-Regimes: «Wie Pétain hat Trump mit dem Angreifer kollaboriert und sein Land einem anhaltenden Desaster ausgesetzt. Und wie Frankreich im Jahr 1940 hat Amerika sich im Jahr 2020 in einen Schockzustand versetzt infolge eines Zusammenbruchs, der viel grösser und viel tiefer ist als irgendein armseliger Führer.» Ist auch Packer bereit, im Ausbruch der Pandemie einen Kriegszustand zu erkennen, dann um hervorzuheben, dass dies der erste Krieg seit 150 Jahren wäre, der nicht in Übersee, sondern auf amerikanischem Boden ausgefochten wird. Ihn interessiert dabei vornehmlich, was diese Kriegsanalogie tatsächlich über den gegenwärtigen Zustand der Nation aussagt: «Einmarsch und Besatzung enthüllen die Bruchlinien einer Gesellschaft, übertreiben, was zu Friedenszeiten nicht beachtet oder stillschweigend akzeptiert wird; sie verdeutlichen essenzielle Wahrheiten, wecken den Gestank begrabener Fäulnis.» Das Pathos, welches der sozialkritische Journalist bemüht, bietet die Kehrseite eines blinden Patriotismus, die das Ausrufen einer nationalen Krise zu wecken erlaubt. Gibt der kriegerische Ausnahmezustand dem sozialen Leben seinen Ernst wieder, dann laut Packer nur deshalb, weil er die Aufmerksamkeit auf Missstände lenkt, die auch in Friedenszeiten nicht übersehen werden dürften.

Seitdem hat sich – wie das Coronavirus selbst – ebenso in den amerikanischen Medien eine schillernde Palette an Kriegsanspielungen verbreitet. Am 5. April 2020 erklärt der Sanitätsinspektor der Vereinigten Staaten, Jerome Adams, die kommenden Tage zu «unserem Pearl-Harbor-Moment». Es geht ihm darum, die Gouverneure davon zu überzeugen, flächendeckende Ausgangsbeschränkungen auszusprechen, um das Gesundheitswesen nicht zu überlasten. Deshalb sagt er voraus, dass die härtesten Stunden im Leben vieler Amerikanerinnen und Amerikaner kommen werden. Nur gemeinsames Handeln könne die Infektionskurve zum Abflachen bringen. Für mich stellt sich die Frage: Wie passend ist der Verweis auf den Überfall auf die Pazifikflotte in den frühen Morgenstunden des 7. Dezember 1941? Was zutrifft: Damals wie heute waren die Amerikaner nicht vorbereitet. Der Ausbruch des neuen Coronavirus in den USA kann allerdings schlecht als Überraschungsangriff verstanden werden. Die Information, dass es sich um eine Pandemie handelt, war alles andere als geheim. Es benötigte nicht das Abhören feindlicher Geheimdienste, sondern einen Blick in die öffentliche Berichterstattung, sowie die Warnung der WHO ernst zu nehmen, um zu wissen, was auf die Nation zukommen würde. Was ebenfalls zutrifft: In beiden Fällen erschütterte die USA vor allem der Umstand, dass es ein Angriff auf eigenem Boden war. Bei der Covid-19-Krise handelt es sich allerdings um ein Ereignis, das sich über längere Zeit mit erstaunlicher Geschwindigkeit verbreitet hat, und nicht um eine einmalige Attacke, die in wenigen Stunden alles zerstört.

Um mit Nachdruck Emotionen zu mobilisieren, wird auch in der amerikanischen Öffentlichkeit ein von jeglicher historischen Referenz losgelöstes Denkbild bemüht. So überrascht es auch nicht, dass die Kette an Kriegsanspielungen schliesslich im terroristischen Anschlag auf die Twin Towers mündet. Am 7. April 2020 nutzt Gouverneur Andrew Cuomo diesen Vergleich, um auf die hohe Zahl der Todesopfer hinzuweisen, die New York City einmal mehr zum Katastrophengebiet gemacht haben. Er nennt die Infektion eine «stumme Explosion, die durch die Gesellschaft mit derselben Beliebigkeit rieselt, dasselbe Böse wie jenes, welches wir 9/11 zu sehen bekommen haben». Aber welches «Böse» ist hier gemeint? Die globale kapitalistische Kultur, für die damals die beiden Türme des World Trade Centers als architektonisches Symbol dienten? Ganz stimmt auch dieses Bild nicht, wird doch auch hier die schleichende Verbreitung einer viralen Erkrankung auf eine singuläre Tat reduziert. Erinnern wir uns aber daran, dass der «9/11 Commission Report» der Regierung unter George W. Bush allem voran einen Mangel an Imagination vorgeworfen hatte. Es findet sich eine Parallele im Ausblenden von unliebsamen Ereignissen. In dieser Hinsicht ergibt der Vergleich Sinn. Im Jahr 2001 blieben Warnungen zu möglichen terroristischen Anschlägen unbeachtet, und im Jahr 2020 fehlte es der Regierung unter Präsident Trump ebenfalls an Vorstellungskraft, um im Vorfeld die notwendigen Vorkehrungen zu treffen.

Wie schief der Vergleich zwischen Virus und Krieg im Einzelnen auch sein mag, auffallend ist, wie er die Figur des Feindes bedient. Das Virus kommt nicht nur von aussen, wie ein Kriegsheer folgt es selbstbestimmt einem Plan, um sein Ziel zu erreichen. Manchmal rückt das Gleichnis auch eine feindliche Nation in den Vordergrund. In Trumps Rhetorik wird aus dem Handelskrieg mit China nahtlos ein Krieg gegen das chinesische Virus. Doch für die Stadt New York – der er womöglich aus persönlichen Rachegefühlen medizinische Hilfsgüter vorenthielt – wurde der chinesische Feind kurz wieder zum Helfer: Ein Lufttransport aus Peking bringt die dringend benötigten Gesichtsmasken in die Stadt. Und auch wenn es sich nicht um einen Angriff aus der Luft handelt – wie es sowohl in Pearl Harbor als auch am 11. September 2001 der Fall war –, liefert der Vergleich mit Attentätern, die in amerikanischen Flugschulen ausgebildet wurden, eine interessante gedankliche Verbindungslinie. Das Virus wird als Feind begriffen, dem es deshalb gelingt, seine Opfer heimtückisch zu überfallen, weil er Grenzen passieren kann, ohne gesehen zu werden. Aus Touristen, Handlungsreisenden und Studierenden macht es ahnungslose Schläfer, die das Virus über die Grenze einführen und im Land verbreiten. Dabei wird der Freund ungeahnt zum Komplizen dieses unsichtbaren Feindes.

Man könnte zugleich von einer neuen Art Bürgerkrieg sprechen. Auch in dieser Krise zeigt die Frage der Sklaverei ihr hässliches Gesicht, denn afroamerikanische Menschen, die in hohem Prozentsatz sozial benachteiligt sind, entpuppen sich als besonders gefährdet. Jedoch kämpfen alle Amerikaner gegen ein Virus, dessen Wirt die eigenen Landsleute sind. Im Central Park wurde im Frühling ein Feldlazarett eingerichtet. Zwischenzeitlich lagen in überfüllten Krankenhäusern erkrankte Menschen auf Bahren herum, weil es für sie keine freien Betten mehr gab. Es sind Krankenschwestern, die in den Medien besonders eindrücklich die verheerende Situation an der Front schildern, die inzwischen das ganze Land in einen Kriegsschauplatz verwandelt hat. Gerüchte über jene schreckliche Entscheidungssituation für Ärztinnen und Ärzte, die man aus der Literatur über Bürgerkriege kennt, halten an: Wie und wer entscheidet angesichts des gravierenden Mangels an Beatmungsgeräten, wem geholfen wird und wem nicht?

Die Mobilisierung von Emotionen, auf die jeder Vergleich mit dem Krieg abzielt, funktioniert allerdings nicht immer. Das Spitalschiff «USNS Comfort» sollte eine entscheidende Rolle bei der Rettung von New York City spielen. Trump verliess zum ersten Mal seit längerer Zeit das Weisse Haus, um bei der Verabschiedung der «Comfort» auf dem Marinestützpunkt in Norfolk, Virginia, dabei zu sein. Die feierliche Rede, die er vor laufender Kamera hielt, sollte die Krönung seiner Selbstinszenierung als *wartime president* sein. Als dann die «Comfort» am 30. März 2020 im Hafen von New York ankam, waren viele Menschen so begeistert, dass sie trotz Abstandsvorschriften das riesige weisse Schiff, mit roten Kreuzen versehen, unbedingt fotografieren wollten. Bald aber wurde die «Comfort» zum Geisterschiff, da Militärverordnungen es verboten hatten, Patienten mit Covid-19-Erkrankung an Bord zu lassen. Der Entschluss, die Hälfte der tausend Betten zu entfernen, um die benötigten Abstände für die Isolation zwischen den Patienten gewährleisten zu können, wurde zu spät gefasst. Ein Teil des Pflegepersonals war zudem bereits an Land gegangen, um dort zu helfen, wo es tatsächlich gebraucht wurde. Zwanzig Tage später teilte Cuomo dem Präsidenten mit, das

Schiff würde in New York nicht länger benötigt. In dieser Zeit waren gerade einmal 182 Kranke an Bord gewesen. Die politische Macht, die das Pentagon mit diesem Akt demonstrieren wollte, verkam zu einer leeren Geste: Ein Medienspektakel vor dem Hintergrund eines realen Massensterbens.

*

Auch der Fall von Captain Brett E. Crozier, Kommandant des Flugzeugträgers «USS Theodore Roosevelt», war medial spektakulär aufgezogen, allerdings bediente sich dieser Auftritt eines anderen Denkbilds: der Verbreitung des Virus und der viralen Verbreitung inoffizieller Berichterstattung im Internet. Das Verfahren gegen einen Absolventen der Marineakademie, der 30 Jahre lang herausragenden Militärdienst hinter sich gebracht hatte, ist eine Episodengeschichte, die sich – wie die Coronapandemie selbst – wellenförmig entwickelte. Dieser reale Vorfall eignet sich als Vorlage für einen Politthriller. Wie Brett Crozier den Journalisten nachträglich erklärte: Als ihm das Ausmass des Covid-19-Ausbruchs in seiner Besatzung klar wurde, suchten ihn sofort Bilder vom Kreuzfahrtschiff «Diamond Princess» heim. Auf diesem Schiff sind Passagiere und Crewmitglieder am Virus erkrankt und mussten deshalb in der Nähe von San Francisco evakuiert werden. Ihm war schlagartig klar, wie viel drastischer die Situation auf seinem Schiff ausfallen würde, wenn sie nicht schnell handelten. Es befanden sich fast 5000 Matrosen an Bord, für die in den engen Mannschaftsquartieren, auf Deck und in der Kantine jegliches *social distancing* unmöglich war. Croziers vorgesetzter Konteradmiral Stuart P. Baker wollte sich aber nicht davon überzeugen lassen, so viele Männer wie möglich sofort in Quarantäne zu schicken und das Schiff desinfizieren zu lassen. Obgleich sie bereits in Guam angedockt waren, gefiel dem Konteradmiral die Idee nicht, den Betrieb eines Kriegsschiffs zu unterbrechen. Zudem hatte er Bedenken, ob die Insel überhaupt ein geeigneter Ort wäre, um die gesamte Mannschaft zu beherbergen, falls die Anzahl der Infizierten noch weiter anstiege.

Die politischen Konsequenzen hingegen, die eine Evakuierung haben würde, hatten für Brett Crozier in diesem Moment keine Priorität. Vielmehr plagte ihn die Vorstellung eines Massensterbens an Bord der «Theodore Roosevelt». Nachdem er sich mit anderen Offizieren abgesprochen hat, entschliesst er sich, einen Brief zu schreiben, um anderweitig um Unterstützung zu bitten. Mit bewusst eingesetztem Pathos hält er in diesem Schreiben seine verzweifelte Lage fest: «Es gibt zwei unterschiedliche Endzustände für die T. R. Wir ziehen in den Krieg mit den Truppen, die wir haben, und kämpfen mit kranken Männern. In diesem Fall werden wir Verluste durch das Virus akzeptieren müssen. Oder wir versuchen, das Virus durch eine Evakuierung der T. R. vom Schiff zu bekommen. Da kein Krieg bevorsteht, empfehlen wir, die einer Friedenszeit entsprechende Massnahme zu verfolgen. Es müssten keine Matrosen sterben. Wenn wir jetzt nicht handeln, scheitern wir daran, unsere wertvollste Ressource zu beschützen – unsere Matrosen.» Zwar ist Crozier bewusst, dass es ihn seine Karriere kosten könnte, wenn er den vorgeschriebenen Dienstweg nicht einhält. Dennoch schickt er seinen Hilferuf an zwanzig Mitglieder der Marine, die ebenfalls im Pazifik stationiert sind.

Die Drastik seiner Schilderung verleitet einen der Empfänger, diesen Brief an den SAN FRANCISCO CHRONICLE weiterzuleiten. Auf diese Weise erfährt der kommissarisch eingesetzte Marineminister *(Acting Secretary of the Navy)* Thomas B. Modly aus den Medien von der Lage auf der «USS Theodore Roosevelt». Zudem hat sich der Brief auch im Internet viral verbreitet und eine Welle der Entrüstung ausgelöst. In einer kurzen Pressekonferenz drückt Modly seine Enttäuschung über die Aussagen dieses Offiziers aus, da seiner Meinung nach die Marine ihr Möglichstes getan habe. Daraufhin berät er sich im Pentagon mit Admiral Michael M. Gilday *(Chief of Naval Operations)* und General Mark A. Milley *(Chairman der Joint Chiefs of Staff)*. Beide empfehlen ihm, eine Untersuchung gegen Crozier einzuleiten. Was Modly schliesslich dazu bewogen hatte, den Kommandanten stattdessen sofort seines Amtes zu entheben, bleibt ein Rätsel. Leute in seinem Umfeld behaupten, er hätte den Ehrgeiz gehabt, als interimistisch eingesetzter Marineminister vom Senat bestätigt zu werden. Auch habe er befürchtet, es könnte ihm wie seinem Vorgänger ergehen: Diesen hatte Trump entlassen, weil er es gewagt hatte, sich einem Eingriff des Präsidenten in die Geschäfte der Marine zu widersetzen. In den Medien allerdings wurde spekuliert, der Führungsstab hätte zusammengehalten, um die eigenen Fehler zu vertuschen. Danach galt es, alle Stimmen, die den Berichten aus dem Weissen Haus widersprochen hatten, die behaupteten, dass die Regierung die Krise im Griff hätte, zum Schweigen zu bringen.

Diese Entlassung löste eine neue Welle der Empörung aus. Zusammen mit drei weiteren Demokraten kritisierte der Abgeordnete Adam Smith (Vorsitzender des *House Armed Services Committee)* den Schritt des kommissarisch eingesetzten Marineministers aufs Schärfste. Die vier Politiker forderten eine Untersuchung. Zeitgleich fand an Deck der «USS Theodore Roosevelt» eine emotionale Verabschiedung des Kommandanten statt. In den vielen Aufnahmen, die sich ähnlich wie der Brief in den sozialen Medien umgehend viral verbreiteten, sieht man Crozier an der Landungsbrücke des Schiffs stehen, über seiner linken Schulter einen schwarzen Rucksack, auf seinem Kopf eine Baseballkappe. Hunderte von Matrosen haben sich versammelt, um ihm zu salutieren. Im Moment, als er von Bord schreitet, beginnt die Besatzung zu jubeln und seinen Namen zu skandieren. An Land dreht sich Crozier um und winkt seinen Männern ein letztes Mal zu, bevor er in ein Auto steigt und in das nächtliche Guam entschwindet.

Die letzte Episode des Medienspektakels beginnt damit, dass Modly einen Gulfstream Business Jet für 243 116.65 Dollar mietet, um nach Guam zu fliegen. An Bord der «Theodore Roosevelt» hält er wutentbrannt eine fünfzehnminütige Tirade über die Lautsprecher. Er beschimpft die Besatzung für ihren Jubel. Über Crozier – der mittlerweile selbst am Coronavirus erkrankt ist – schimpft er, dass dieser entweder zu naiv oder zu dumm gewesen sei, um einen Flugzeugträger zu kommandieren. Ohne sich auf ein Gespräch mit der Besatzung einzulassen, verlässt er anschliessend das Schiff. Auch dieses Ereignis verbreitet sich viral in den sozialen Medien. Eine Audiodatei gibt Modlys wütende Stimme und die spöttische Reaktion der Besatzung wieder. Der Presse erklärt Modly auf seinem Rückflug: «Ich stehe hinter jedem Wort, das ich gesagt habe.» Doch der politische Druck auf die Navy wächst. Unentschuldbar sei nicht nur, was der kommissarisch eingesetzte Marineminister gesagt habe, sondern dass er eigenmächtig die Reise zum Flugzeugträger unternommen habe. Politikerinnen wie auch Angehörige der Marine fordern seine Entlassung. Kritische Stimmen in der Presse weisen zudem darauf hin, dass das Verteidigungsministerium seit Jahren nicht nur Schwierigkeiten hätte, sich dem erratischen Präsidenten anzupassen, es stünde auch nicht hinter einem Mann, der wegen seiner persönlichen Beziehungen zu Trump ernannt wurde, nicht aber durch den Senat bestätigt. Nach seiner Landung entschuldigt sich Modly auf Befehl des Verteidigungsministers zwar öffentlich für seine Aussagen, kurz darauf kündigt er jedoch schliesslich selbst seinen Rücktritt an.

Diese Ereignisse würden sich deshalb für ein Drehbuch eignen, weil sie in der Realität nachspielen, was wir bereits aus der Hollywoodfiktion kennen. Am deutlichsten lässt sich die Verbindungslinie zu Otto Premingers *The Court-Martial of Billy Mitchell* ziehen. Der Film basiert auf einer wahren Geschichte, die sich kurz vor dem Ausbruch des Zweiten Weltkriegs ereignet hatte. Der von Gary Cooper gespielte Titelheld, ein Oberst der Luftwaffe, hat mit Besorgnis den Absturz mehrerer Luftfahrzeuge beobachtet. In einer Pressekonferenz kritisiert er die Armee harsch. Daraufhin klagt ihn das Kriegsgericht an. Während seiner Verteidigung kritisiert er weiter die schlechte Finanzierung der Luftwaffe. Billy Mitchell wird für schuldig befunden. Der Regisseur Otto Preminger, der im Jahr 1955 diesen Fall filmisch aufgreift, will seinerseits mitten im Kalten Krieg auf den tatsächlichen Mangel an Einbildungskraft in den Rängen des Oberkommandos der Luftwaffe hinweisen. Er rückt in seiner filmischen Rekonstruktion eine tragische Ironie in den Vordergrund: Mitchell hatte in seiner Kritik den Angriff auf Hawaii konkret vorausgesagt. Von Preminger kommt auch die Pathosgeste, die sich auf der «USS Theodore Roosevelt» wiederholt hatte. Im Film salutieren die Piloten, als Gary Cooper das Gerichtsgebäude verlässt. Die Realität greift einen Film auf, der seinerseits auf realen Ereignissen basiert. Auch Brett Crozier setzt sich gegen die politisch motivierte Blindheit seiner Vorgesetzten zur Wehr. Er ist bereit, seine Karriere zu opfern. Die Fehleinschätzungen der Regierung, die es geheim zu halten gilt, werden durch diese Insubordination publik. Dafür bekommt der Kommandant die Anerkennung seiner ihm untergeordneten Besatzung und wird auch in der Bevölkerung wegen seiner Zivilcourage als Volksheld gefeiert.

Im Frühsommer des Jahres 2020 ist der Ausgang des Falls offen. Brett Crozier ist auf dem Marinestützpunkt in Guam isoliert und kämpft selbst gegen Covid-19. Fast 600 Männer seiner Besatzung wurden positiv getestet und befinden sich inzwischen in Quarantäne auf Guam. Weitere 4000 Matrosen wurden evakuiert. Das Gerichtsverfahren gegen Crozier ist vom Verteidigungsminister aufgeschoben worden. Online haben mehr als 350 000 Menschen eine Petition unterzeichnet, die fordert, Brett Croziers Amtsenthebung rückgängig zu machen. Der Urenkel von Präsident Theodore Roosevelt hat zu diesem Fall in der NEW YORK TIMES einen Gastkommentar geschrieben, in dem er den Angeklagten mit seinem Urgrossvater vergleicht. Tweed Roosevelts Bezug auf die Vergangenheit zielt ebenfalls auf die Mobilisierung von Emotionen ab. Theodore Roosevelt nahm während des Spanisch-Amerikanischen Kriegs als *Rough Rider* an der Invasion von Kuba teil. Weil seine Männer an Gelbfieber und Malaria zu sterben drohten, hatte er entgegen der Befehle seiner Vorgesetzten auf einer Evakuierung bestanden. Es kostete ihn seine Militärkarriere. Und schliesslich meldet sich auch General John E. Hyten, stellvertretender Vorsitzender der *Joint Chiefs of Staff,* zum Fall Crozier zu Wort. Er hatte zwar nicht die Kreuzfahrtschiffe, sondern die anderen Flugzeugträger auf hoher See vor Augen. Auch ihm fehlte es nicht an Vorstellungskraft: «Aus meiner Perspektive ist es keine gute Idee, die ‹Teddy Roosevelt› als einen Einzelfall zu betrachten. Zu glauben, es wird nie wieder passieren, ist kein guter Zukunftsplan.» Man könnte meinen, dieser General hätte *Die Pest* von Albert Camus gelesen.

PANDEMIEN UND DIE FRAU

Was auffällt, wenn man heute, um in Zeiten von Covid-19 Trost zu finden, Albert Camus' Roman *Die Pest* liest: Frauen sind nur als Nebenfiguren präsent. Die Gattin des Arztes Dr. Rieux wird im Sanatorium, das sie zu Beginn des Romans aufsucht, sterben. Seine Mutter hingegen wird mit ihm die Pest überleben. Sucht man ein weibliches Gegenbild zur Analogie von Krieg und Virus, lohnt sich der Blick in den autobiografischen Novellenband der Autorin Katherine Anne Porter. In *Pale Horse, Pale Rider* kommt der Heldin die entscheidende Rolle im Überleben einer Pandemie zu. Der Band wurde im Jahr des Überfalls der deutschen Wehrmacht auf Polen – der den Zweiten Weltkrieg einläutete – veröffentlicht, spielt aber am Ende des Ersten Weltkriegs. Wie ihre Heldin Miranda war Porter 1918 als Theaterkritikerin für die ROCKY MOUNTAIN NEWS in Denver, Colorado, tätig und wäre fast an der Spanischen Grippe gestorben. Am Anfang der Erzählung liegt ihr Alter Ego in einem Krankenhaus im Fieberdelirium und hat einen merkwürdigen Traum. Miranda träumt, sie sei zu Hause bei ihren Eltern auf einer Ranch in Texas. Sie muss ausreiten, um dem Tod und dem Teufel zu entkommen. Dazu wählt sie ihr Lieblingspferd Graylie, weil sie weiss, nur dieses kann schnell genug laufen. Ein Fremder reitet an ihrer Seite, doch sie erkennt nicht, wer es ist. Dann wacht Miranda auf und erinnert sich an Szenen der letzten Tage. Erst zum Schluss der Novelle wird für die Leserinnen und Leser deutlich, dass alle Rückblenden Teil ihres Deliriums sind. Mehr als einen Monat liegt sie mit hohem Fieber im Krankenhaus, ohne zu wissen, wo sie sich genau befindet – in der Schwebe zwischen gestern und morgen. Porter setzt die Zeit, in der Miranda in ihren herumschwirrenden Gedanken gefangen ist, der Zeit, in der das Influenzavirus in Denver wütet, gleich.

Die erste Szene findet an einem Morgen in der Zeitungsredaktion statt: Vertreter der Kriegsbefürworter setzen Miranda unter Druck, Kriegsanleihen zu kaufen. Die Sorge darüber, wo sie die 50 Dollar für diese «Liberty Bonds» hernehmen soll, schwächt ihren Patriotismus. Statt ihr Vaterland mit Treue und Glauben unhinterfragt zu unterstützen, flucht sie innerlich «zur Hölle mit diesem dreckigen Krieg». Dann aber erinnert sie sich an Adam, einen jungen Mann aus Texas – wie sie 24 Jahre alt –, der in einer Kaserne in der Nähe stationiert ist. Er hat sie erst gerade in seiner schicken neuen Uniform besucht, als er in der Stadt sein Testament aufsetzen liess. Die Sondereinheit, der er als Leutnant angehört, soll bald nach Übersee geschickt werden. Das Wissen um die Vergänglichkeit bestimmt die Liebesaffäre, welche sich zwischen den beiden anzubahnen beginnt. Bald müssen sie sich voneinander trennen. Beide ahnen, dass es vielleicht keine gemeinsame Zukunft geben wird. Umso intensiver leben sie im noch verbleibenden Jetzt. Denver hat sich inzwischen – ähnlich wie die Kriegsfront in Frankreich – zum Schauplatz eines kollektiven Sterbens entwickelt. Adams Urlaub wurde verlängert, weil die Männer in seiner Truppe wie Fliegen an einer seltsamen Krankheit sterben. «Es scheint eine Art Pest zu sein, etwas aus dem Mittelalter», ist Miranda überzeugt. Die vielen Bestattungen in Denver ergeben eine tragische Analogie zu den Schützengräben, von denen Miranda aus den Nachrichten weiss.

Die Erzählung arbeitet mit der Parallelität der beiden tödlichen Bedrohungen. Den Gerüchten zufolge wurde die Seuche von Bakterien verursacht, die ein getarntes deutsches Schiff in Boston eingeführt hatte. Obwohl Miranda nicht daran glaubt, ahnt sie dennoch, dass ihr bald etwas Schreckliches passieren wird. In ihren delirierenden Gedanken begreift sie, dass ein Krieg in ihrem Körper tobt, der jenem an der europäischen Front gleichkommt. Während sie mit Adam in einem Lokal tanzt, plagen sie sowohl heftige Gliederschmerzen als auch die unerträgliche Vorstellung, dass Adam in einem Schützengraben sterben würde. Sie wünscht sich, dass sie einander retten könnten, muss aber erkennen, dass es für beide kein Entkommen von den lebensgefährlichen Bedrohungen gibt – wenngleich sie auch von unterschiedlichen Schauplätzen ausgehen.

Nahtlos schweifen Mirandas Gedanken zu der verhängnisvollen Szene in ihrer Pension, an der sich die dramaturgische Pointe der Novelle verdichtet. Denver ist im Lockdown. Eine Situation, die wir seit Frühling 2020 gut kennen: Alle Theater sind geschlossen und auch fast alle Läden und Restaurants. Tagsüber ziehen Trauerzüge durch die Strassen, nachts Krankenwagen. Miranda ist zwar bereits an der Grippe erkrankt, jedoch noch nicht ins Krankenhaus eingeliefert worden. In ihrem Delirium hat sie eine Halluzination, die auf den Anfang referiert: Das Traumbild zeigt schneebedeckte Berge, und eine Stimme aus dem Off verkündet: «Achtung, Gefahr.» Eine weitere Stimme ergänzt: «Krieg, Krieg, Krieg.» Ermattet liegt Miranda in ihrem Bett, während Adam mit der Vermieterin streitet. Da Miranda an der pestähnlichen Krankheit leidet, droht sie Miss Hobbe auf die Strasse zu setzen.

Adam versucht sie davon abzuhalten, indem er ihr erklärt, dass es im Krankenhaus keine freien Betten mehr gäbe und das Personal überlastet sei. Miss Hobbe geht erst, nachdem Adam ihr verspricht, sich selbst um die Kranke zu kümmern. Nachdem er Mirandas Kompresse gewechselt hat, legt sich der Soldat neben seine Geliebte ins Bett und umarmt sie. Im Halbschlaf hat Miranda für die verhängnisvolle Berührung eine Traumvision, die auf makabre Weise an den Liebesgott Amor auf einer altmodischen Valentinskarte erinnert: Adam steht vor Miranda. Jedes Mal, wenn einer von Amors Pfeilen das Herz ihres Geliebten trifft, steht dieser wieder auf. Als sei es ein Kinderspiel, besteht Miranda darauf, dass sie nun an der Reihe sei, und fragt: «Warum bist du immer derjenige, der sterben darf?» Plötzlich ändern sich die Spielregeln. Der Pfeil sticht tatsächlich durch seinen Körper in ihr Herz. Der Soldat bleibt tot liegen, sie aber lebt weiter. Wegen ihrer Worte, mit denen sie sich ihren eigenen Tod herbeigesehnt hatte, wird ihr Liebhaber vom Pfeil tödlich getroffen. In diesem Traum geht es weder um eine Umkehrung der Vorstellung, die Liebe sei ein fortwährendes Spiel zwischen Sterben und Wiederauferstehen, noch lässt er sich auf das liebliche Valentinsbild reduzieren, auf dem ein Liebender von einem Pfeil ins Herz getroffen wird. Die Erzählerin nimmt sich im Fieberdelirium der Grippe vielmehr das Recht, die unsaubere Schnittfläche zwischen Vorahnung und Wunsch aufzuzeigen: Miranda stellt sich vor, dass sie das Wechselspiel von Sterben und Rückkehr aus dem Tod nicht nur überleben wird, sondern in ihrer Fantasie auch immerfort aufleben lassen könne. Für eine solche Allmachtsfantasie braucht sie allerdings das reale Sterben des Geliebten.

Die suspendierte Zeit zwischen Leben und Tod, aus der ihre delirierende Traumgeschichte hervorgeht, endet am Tag des Waffenstillstands. Endlich wacht Miranda im Krankenhaus auf. Sie hat die Infektion überstanden. Vor dem Fenster hört sie den Jubel der Menge. Die Krankenschwester ist stolz, dass sie kraft ihrer unermüdlichen Sorge die Patientin dem Tod abringen konnte. Miranda hingegen nimmt ihr Erwachen als Verlust jener Verzückung wahr, die sie empfand, als sie das Ufer ihres persönlichen Paradieses erreicht zu haben glaubte. Sie ist enttäuscht. Für sie bedeutet diese Rückkehr ins Leben eine Genesung, die unweigerlich früher oder später wieder im Tod enden wird, wenn auch unter anderen Umständen. Das Glücksgefühl kann sie mit denen, die das Ende des Kriegs feiern, nicht teilen. Aus einem Brief eines Unbekannten erfährt sie, dass Adam, noch bevor seine Truppe abgezogen wurde, in der Kaserne gestorben ist. Miranda sieht sich als weiblichen Lazarus: mit einem Fuss in der Welt der Lebenden, mit dem anderen bei den Toten.

Den Geliebten, der sich selbstlos um sie gekümmert hatte, steckte sie mit jener Krankheit an, die sie selbst überleben durfte. Nicht in den Schützengräben von Frankreich hat Adam den Tod gefunden, sondern in einem Krankenbett – ähnlich jenem, das sie nun verlassen muss. Da sie ihn – wenn auch ungewollt – getötet hat, kann sie seinen Geist jederzeit heraufbeschwören. Der unbekannte Reiter, der zu Beginn der Novelle während der Flucht vor Tod und Teufel neben ihr hergeritten ist, wurde zum lebenden Toten. Nun kann der Geist Adams ein steter Begleiter ihres Alltags sein. Endgültig aus dem Labyrinth ihrer delirierenden Träume erwacht, zieht Miranda ein letztes Mal den Vergleich zwischen Krieg und Pest: «Kein Krieg mehr, auch keine Pest, nur das benommene Schweigen, welches auf die schweren Geschütze folgt. Stille Häuser mit gezogenen Vorhängen, leere Strassen, das tote kalte Licht der Morgendämmerung. Jetzt würde es Zeit für alles geben.» Es ist die Zeit des Konjunktivs. Die Zukunft enthält Möglichkeiten, die noch keine klare Gestalt angenommen haben. Im Hintergrund dieser abschliessenden Gedanken die stille Trauer der Hinterbliebenen.

*

Mit diesem ernüchternden Abschlussbild trifft die Erzählerin Miranda aus *Pale Rider* einen Punkt, der hartnäckig übersehen wurde, als wir uns für das Jahr 2020 eine Wiederholung der Roaring Twenties gewünscht haben: Am 11. November 1918 fand zwar der Erste Weltkrieg sein Ende, die Spanische Grippe aber, welche sich besonders durch das Kriegsgeschehen effizient verbreiten konnte, hielt noch bis ins Jahr 1920 an. Die Spanische Grippe erfasste die Welt in drei Wellen. Infolge dieser Pandemie starben weitaus mehr Menschen als im Krieg. Im Nachhinein diente diese fürchterliche Katastrophe von 1918 nicht nur der Autorin Katherine Anne Porter als Vorlage und Warnzeichen, auch Historikerinnen, Epidemiologen sowie die Behörden ziehen immer wieder Vergleiche zur Spanischen Grippe, um künftigen Pandemien Plausibilität zu verleihen. Dabei dient sowohl der Autorin wie auch den Expertinnen der Rückgriff auf die Vergangenheit dazu, die Möglichkeit einer Wiederholung als Angstvorstellung in Umlauf zu bringen. Die Zeit für eine neue Epidemie wird wieder kommen. Es passierte bereits einmal und kann daher immer wieder passieren. Auch das Virus folgt – wie in einem Kinderspiel – einem fortwährenden Rhythmus von Absterben und Wiederauferstehung.

Kehren wir aber nochmals zum Titel von Katherine Anne Porters Novelle *Pale Rider* zurück. Miranda zitiert an einer Stelle ein Spiritual, in dem der Tod als bleicher Reiter der Sängerin den Geliebten wegnimmt. Im Lied bittet sie den Reiter, er möge sie verschonen, damit sie um den Verstorbenen trauern könne. Dieses Bild ruft implizit eine weitere Kette an mythopoetischen Assoziationen hervor. Im letzten Buch des *Neuen Testaments,* der Offenbarung des Johannes, sitzt der erste der vier Reiter der Apokalypse auf einem weissen Ross. Mit einem Bogen in der Hand und einer goldenen Krone auf dem Haupt reitet er seinen drei Gefährten, dem Tod, dem Krieg und der Seuche, voran. Am Tag des Jüngsten Gerichts bringt er den Ungläubigen das Verderben und den Gläubigen die ewige Rettung. In dieser Prophezeiung sehe ich die ultimative Pandemiegeschichte, die eine Zerstörung der ganzen irdischen Welt voraussieht.

Diese apokalyptische Vision beschreibt eine weitere Gestalt, dic als personifiziertes Unheil erscheint, gegen welches die vier Reiter im Dienst Gottes ankämpfen müssen. Im Kapitel 17,3–4 der Offenbarung verkündet Johannes: «Und ich sah eine Frau auf einem scharlachroten Tier sitzen, das voller Lästernamen war und sieben Köpfe und zehn Hörner hatte. Und die Frau war bekleidet mit Purpur und Scharlach und übergoldet mit Gold und Edelgestein und Perlen, und sie hatte einen goldenen Becher in ihrer Hand, voller Gräuel und Unreinheit ihrer Unzucht; und sie hatte an ihrer Stirn einen Namen geschrieben, ein Geheimnis: Babylon, die Grosse, die Mutter der Huren und der Gräuel der Erde. Und ich sah die Frau trunken vom Blut der Heiligen und vom Blut der Zeugen Jesu.» Hinter ihr in der Ferne brennt die Stadt, die als Inbegriff des Bösen dargestellt wird. Der schändliche Ort wird von gewaltigen Flammen und schwarzem Rauch verschlungen. Der übertriebene Prunk, der den Körper der Frau schmückt, ist Indiz für ihre unmoralische Verschwendungslust und weist auf die gefährliche Ansteckungsgefahr hin, die von der Frau ausgeht. Die Hure von Babylon bezirzt mit ihrer Ausstrahlung alle, die sich von ihren Reizen infizieren lassen. In dieser Endzeitvision stürzt sie alle ins Verderben. Ihre betörende

Macht forderte jedoch bereits vor dem Weltuntergang das Blut zahlloser Gläubiger, die durch sie zu Ungläubigen wurden.

Die Verschränkung von erotischer Freizügigkeit, dem Verstoss gegen moralische Sitten und der Gefahr einer tödlichen Infektion, die in der Offenbarung des Johannes in der Gestalt der Hure von Babylon verdichtet wird, erlebte ein hartnäckiges kulturelles Nachleben. In William Wylers Melodrama *Jezebel* aus dem Jahr 1938 diente eine Epidemie aus der historischen Vergangenheit als Vorlage, um der Möglichkeit einer Wiederholung von Seuchen Plausibilität zu verleihen. Schauplatz ist New Orleans, wenige Jahre vor dem Bürgerkrieg. Die von Bette Davis gespielte eigenwillige *southern belle* Julie gibt der biblischen Hure ein modernes Gesicht. Sie wird bereits zu Beginn als selbstbewusste Frau eingeführt, die sich den Konventionen der Gesellschaft widersetzt. Ihr Verhalten stellt eine moralische Bedrohung dar. Bereits der Titel des Films *Jezebel* verweist auf eine weitere biblische Frauenfigur: Isebel ist die Frau von König Ahab, die es wagte, sich eine Prophetin zu nennen. Im *Neuen Testament* wird ihr vorgeworfen, «Gottes Knechte» zu Unzucht und zum Götzenopfer verführt zu haben. In Wylers Melodram ist das erste «Opfer» ein Mann, der sich vor Julies Hochzeit mit dem Banker Preston Dillard, seinem Rivalen duelliert. Diese moralische Bedrohung wird mit der gesundheitlichen Gefahr des Dschungelfiebers verknüpft, das die Stadt alle zehn Jahre überfällt. Der Arzt Dr. Livingstone warnt vor der Möglichkeit einer neuen Epidemie, da sich in seinen Augen die Unzucht in der Stadt wieder ausgebreitet hat.

Auf einem Ball wird die Parallele zwischen der moralisch zügellosen Heldin in der Rolle als moderne Isebel und der Seuche erstmals dramaturgisch eingesetzt: Aus Trotz, weil ihr Bräutigam aus geschäftlichen Gründen bei der Anprobe ihres Ballkleids nicht dabei sein konnte, wählt Julie ein scharlachrotes Kleid. Sie ist sich bewusst, dass unverheiratete Frauen zu solchen gesellschaftlichen Anlässen nur weiss gekleidet erscheinen dürfen. Ihre Tante Belle weist sie darauf hin, dass diese Farbe nur die für ihre Lasterhaftigkeit bekannten *«Gallatin Street Girls»* aus New Orleans tragen. Dass Julie ihren Willen uneingeschränkt durchsetzt, entspricht der Vorstellung von moderner weiblicher Selbstbestimmung der Dreissigerjahre. Wenige Szenen später erscheint Preston mit Julie im scharlachroten Kleid auf dem Ball. Die Leute, an denen sie vorbeischreiten, weichen aus. Es ist offensichtlich, dass die Gesellschaft Julies Aufzug nicht goutiert. Trotz dieser gesellschaftlichen Ächtung besteht Preston auf einem Tanz mit Julie. Die Leute distanzieren sich von ihnen, und bald ist das Paar allein auf der Tanzfläche. Die schockierten Ballgäste bilden einen Kreis um sie herum und beobachten das Paar aus sicherer Entfernung. Julie stellt mit ihrem roten Kleid eine Ansteckungsgefahr dar: Sie könnte die anderen jungen Frauen mit ihrer moralischen Unzucht infizieren. Nach dem Tanz verlässt Preston zusammen mit seiner gedemütigten Braut das Fest. Nach diesem Ereignis ist klar, dass er Julie nicht heiraten wird. Stattdessen beginnt er, in New York als Filialleiter in einer Bank zu arbeiten. Ähnlich wie viele der Bewohner New Orleans, die einen erneuten Ausbruch des Dschungelfiebers als unwahrscheinlich ansehen, will auch Julie die Vorzeichen nicht wahrhaben.

Ein Jahr später jedoch bricht die Krankheit, wie der Arzt Dr. Livingstone es vorausgesagt hat, in der Stadt aus. Julie ist mit ihrer Tante auf die Plantage der Familie geflohen, um der Quarantäne in der Stadt zu entkommen. Die Polizei patrouilliert in den Strassen von New Orleans. Kanonenschüsse und offene Feuer in Blechtonnen am Strassenrand sollen helfen, die Gelbfiebermücken in Schach zu halten. Vermummte, bewaffnete Männer verfrachten alle, die sich bereits infiziert haben, in die Krankenkolonie auf «Lazaret Island». Preston ist nach New Orleans zurückgekehrt, damit er sich in diesen schweren Zeiten um die Geschäfte daheim kümmern kann. Zu seiner Ehre gibt Julie ein Fest auf der Plantage. Sie will sich bei ihm für ihren Hochmut entschuldigen. Preston ist jedoch mit seiner Gattin aus New York angereist, was bei Julie eine ungezügelte Wut hervorruft. Unwillig, ihre Niederlage zu akzeptieren, versucht sie, Preston bei einem Gespräch von ihrem vergangenen Liebesglück zu überzeugen. Er aber scheint immun gegen ihre Verführungskünste zu sein. In einem weiteren Schritt versucht sie, Preston mit einem ihrer Verehrer eifersüchtig zu machen. Noch bevor die List aufgehen kann, wird Preston vom Direktor der Bank nach New Orleans beordert. Er flieht gewissermassen vor Julies bedrohlichem Liebesfieber in die verseuchte Stadt. Um die Familienehre zu retten, fordert Prestons Bruder den Rivalen zum Duell auf und tötet ihn – ein weiteres Opfer.

Julie, die sich für diesen Tod verantwortlich fühlt, wird von jenen, die noch auf der Plantage verblieben sind, als moralisch verpestete Figur gemieden. Zeitgleich erkrankt Preston in der Stadt am Dschungelfieber. Im «St. Louis Hotel» bricht er inmitten einer aufgebrachten Menge, die gerade vom Duell erfahren hat, zusammen. Ähnlich wie in der Szene auf dem Ball weichen die Männer im Hotel vom Erkrankten und stehen in sicherer Distanz um ihn herum. Der Einzige, der sich um ihn kümmert, ist Dr. Livingstone. Auch wenn Julie in dieser Szene abwesend ist, wird die Referenz auf die vorherigen Szenen, in denen Julie gemieden wird, deutlich. Die moralische Ansteckungsgefahr, die von Julie ausgeht, hat sich nahtlos in die tödliche Infektion der Seuche verwandelt. Julie ist zwar eine

Trägerin, die gesellschaftliche Konventionen verpestet, die Seuche aber kann ihr nichts anhaben. In einem letzten Akt der Auflehnung schleicht sich Julie in das von Soldaten abgeriegelte New Orleans und kümmert sich um den inzwischen im Fieberdelirium liegenden Geliebten. Der Arzt hat ihn im Haus von Julies Familie untergebracht. Die ungehorsame Frau, die unzüchtige Stadt und das mörderische Fieber sind nun über Prestons Körper vereint.

An diesem dramaturgischen Wendepunkt zeigt sich ein entscheidender Umschlag in der mythischen Zeichnung der Heldin. Julie entscheidet sich, den Erkrankten in die Verbannung auf «Lazaret Island» zu begleiten. Nahtlos ist die moderne Isebel in die Rolle der Büsserin geschlüpft. Sie setzt sich freiwillig der tödlichen Krankheit aus. Sie erhofft, sich mit diesem Opfer in den Augen ihres Geliebten vom sündigen Hochmut zu reinigen. Die letzte Einstellung des Films zeigt, wie Bette Davis aufrecht auf einem Wagen inmitten anderer Kranker sitzt. Preston hat seinen Kopf in ihren Schoss gelegt. Schützend bedeckt sie ihn mit ihrem Umhang. Ihr Blick ist stolz und zugleich entschlossen nach vorne gerichtet, während der Wagen an den offenen Flammen in den Tonnen am Strassenrand vorbeizieht. Es ist ihre Apotheose. Aus der Hure der Apokalypse ist sie die heilende Mutter geworden, die New Orleans – ein modernes Babylon der 30er-Jahre und auch gegenwärtig ein Hotspot der Pandemie – den Rücken kehrt. Die Filmkritik war, als der Film 1938 erschienen ist, von diesem erbauenden Abschluss wenig überzeugt. Diesen plötzlichen Gesinnungswandel wollte man Bette Davis nicht glauben. Doch die auffällige Implausibilität dieser narrativen Auflösung bringt die Moralisierung auf den Punkt: Weiblicher Eigensinn muss am Ende bestraft werden, nur so darf das Publikum diesen auf der Leinwand geniessen. Als eine

Umdeutung für die biblische Verführerin verstanden, leuchtet diese Abschlussbild ein. Es unterstreicht, was überwunden worden ist, nämlich die Verschränkung von freizügiger Frau, verruchter Stadt und Fieberkrankheit.

*

In der Genesis führt weiblicher Wissensdurst zu Ungehorsam und ist der Anfang aller Plagen. Es war Eva, die sich von der listigen Schlange verleiten liess, vom Baum der Erkenntnis zu essen. Ihre Neugierde führte dazu, dass die Sterblichkeit, die Sünde, die Feindschaft zwischen den Menschen, das Machtgefälle zwischen den Geschlechtern und die Mühsal in die Welt gekommen sind. Auch im antiken Griechenland herrschte die Vorstellung, dass die Quelle des irdischen Unheils in der weiblichen Neugierde liegt. Hesiod erzählt in seiner Schrift *Werke und Tage* die Geschichte der Pandora. Um den Raub des Feuers durch den Titanen Prometheus zu rächen, befiehlt Zeus dem Gott der Schmiedekunst, eine Frau anzufertigen, die an Schönheit den Göttern gleich sein soll. Nachdem Hephaistos diese verführerische Truggestalt geschaffen hat, mischt sie sich unter die Menschen und heiratet den Bruder des Prometheus. Pandora kommt nicht nur aus der Fremde, sie bringt auch als Geschenk ein gewaltiges Gefäss mit. Ohne zu wissen, dass dieses randvoll mit Not und Plagen gefüllt ist, welche bis anhin noch nicht in der Welt existierten. Aus Neugier öffnet Pandora das Gefäss und entlässt alles Übel wie Laster, Arbeit und Tod, aber auch alle Krankheiten – inklusive der Pest – in die Welt. Einzig die Hoffnung bleibt im Gefäss.

Wenn wir im Jahr 2020 in die Vergangenheit schauen, um in den Roaring Twenties eine Entsprechung zu finden, muss auch der Stummfilmstar Louise Brooks erwähnt werden. Keine andere hat die 20er-Jahre so prototypisch verkörpert wie die aus Kansas stammende Schauspielerin: Der lange elegante Nacken, das makellos weisse Gesicht, die ausdrucksstarken dunklen Augen und der pechschwarze Bubikopf, der ihr Gesicht wie ein glatter Helm einrahmt, stehen bis heute exemplarisch für den Flapper. Sie ist der Inbegriff der jungenhaften, selbstbewussten und unbekümmerten Frau der Zwischenkriegsjahre, naiv eigensinnig, spielerisch frech und uneingeschränkt sinnlich. Ihre Devise lautet: Lustvoll und überschwänglich im Hier und Jetzt leben, sich ganz dem eigenen Begehren hingeben und sich weder um bürgerliche Gepflogenheiten noch um die Zukunft kümmern. Louise Brooks' anhaltende Berühmtheit ist allerdings einer ganz bestimmten Rolle geschuldet: Lulu im Film *Die Büchse der Pandora* (1929) von G.W. Pabst nach Frank Wedekinds Theatervorlage *Lulu*.

In diesem Filmklassiker spielt Louise Brooks die gnadenlose Verführerin Lulu. Im Gegensatz zu Bette Davis in *Jezebel* ist Lulu keine boshafte Lady, die bewusst Männer gegeneinander ausspielt, um ihre romantischen und pekuniären Ziele zu erreichen. Vielmehr steckt sie sowohl Männer als auch Frauen, die sie zu vereinnahmen versuchen, mit einem gefährlichen Liebesfieber an, das zu Eifersucht, Betrug und Erpressung führt. Ohne Berechnung oder Vorsatz löst Lulu eine fatale Serie an unheilvollen Ereignissen aus. Ihre sexuelle Promiskuität gehört einerseits zum überschwänglichen Lebensstil der modernen Grossstadt, andererseits ist diese Freizügigkeit auch Ausdruck ihrer Bewegungsfreiheit und Ungebundenheit. Ungehindert wandert sie von einem Verehrer zum nächsten. Es gelingt ihr sogar, aus dem Gerichtssaal, in dem sie für die Ermordung ihres Gatten gerade zum Tode verurteilt wurde, spurlos zu verschwinden. Dass sie in London schliesslich in Jack the Ripper ihre Nemesis findet, lässt sich ebenfalls auf ihre erotische Ansteckungsgefahr zurückführen. Im übertragenen Sinne stellt auch der Serienmord eine Art Seuche dar, bringt doch der von Tötungslust getriebene Mann alle Prostituierten um, die sich ihm aussetzen. Im verhängnisvollen Kontakt mit ihrem Mörder findet Lulus Selbstbestimmung ihren Höhepunkt: Ein geheimnisvoller Fremder taucht aus dem Nebel auf. Die Gestalt weckt Lulus Neugierde, woraufhin sie ihn zu sich ruft.

*

Die Aufzählung mythischer Infektionsträgerinnen macht deutlich, welch entscheidende Rolle nicht nur sexuelle Promiskuität, sondern auch die Bewegungsfreizügigkeit für das kulturelle Nachleben einer weibliche Patientin null hat. Dafür drei weitere Beispiele: Das historische Medienspektakel um «Typhoid Mary», der Film noir *The Killer that Stalked New York* aus den frühen Jahren des Kalten Kriegs, und der momentan meistzitierte Pandemiefilm *Contagion*. In allen diesen Beispielen wird eine Frau als angebliche Auslöserin einer Epidemie ins Fadenkreuz genommen und somit zur allegorischen Figur der Femme fatale gemacht. Indem alle drei Frauen darauf reduziert werden, Infektionsträgerinnen zu sein, wird ihr Sexualverhalten zusammen mit ihrer Mobilität kriminalisiert.

Beginnen wir mit dem realen Medienspektakel um die irische Immigrantin Mary Mallon. In die Geschichtsbücher ist sie eingegangen als die erste Person in den USA, die mit Typhus infiziert war, aber als Trägerin keine Symptome zeigte. Wie Hesiods Pandora soll Mary Mallon als *superspreader* eine Krankheit ins Land eingeführt haben, die es vorher dort noch nicht gegeben hatte. Infolge dieser Zuschreibung wird aus der konkreten Frau Mary Mallon ein Stereotyp, die gefährliche Einwanderin namens «Typhoid Mary». Diese hat nicht nur als Fremde eine an sich gesunde einheimische Bevölkerung gefährdet. Sondern an dieser Einwanderin, die 1883 über den Ozean gereist war, um in New York City Arbeit zu finden, konnten auch noch weitere Ängste verhandelt werden, was die Gefahren des Kontakts zwischen fremden Menschen in einer global vernetzten Welt betrifft – und darin liegt die Brisanz ihrer Geschichte.

Der Öffentlichkeit aufgefallen ist dieser Fall aufgrund eines Artikels, den der Hygieniker George A. Soper im JOURNAL OF THE AMERICAN MEDICAL ASSOCIATION (JAMA) im Juni 1907 veröffentlichte. Ein Bekannter hatte ihn aufgefordert, Nachforschungen zu der jungen Köchin anzustellen, die für ihn gearbeitet hatte. Es stellte sich heraus, dass Mary Mallon seit 1900 in mehreren Haushalten in Manhattan und Umgebung gearbeitet und die Infektion verbreitet hatte. Die Spur an Typhus Erkrankter führt Soper schliesslich zum *superspreader.* In seinem Artikel hält er fest, wie er ihr beim ersten Treffen unzweideutig mitteilte, dass sie ein *«living culture tube and chronic typhoid germ producer»* sei und somit eine stille Überträgerin des Typhusbazillus. Umso erstaunter war er, als er feststellen musste, dass er nicht auf ihre Kooperation zählen konnte. Der Hygieniker war enttäuscht, denn er hatte gehofft, dass er mit ihrer Fallgeschichte die Verbreitung der Krankheit rekonstruieren könne, um somit sie wie auch ihre Mitmenschen zu schützen. Sie aber weigerte sich zu glauben, dass sie Trägerin des Typhus sein könnte. Damals war es kaum bekannt, dass jemand eine Seuche verbreiten konnte, ohne selbst Symptome aufzuweisen. Überzeugt davon, dass die Behörden sie grundlos verfolgten, obwohl sie nichts Kriminelles getan hatte, wollte sie auch nicht mit der Gesundheitsbehörde kooperieren. Die Ärztin Sara Josephine Baker wurde mit dem Fall beauftragt, liess sie verhaften und in Gewahrsam nehmen.

Nachdem der Gesundheitsinspektor von New York City Mallons körperliche Ausscheidungen gegen ihren Willen untersucht und sie als Trägerin des Typhus identifiziert hatte, wurde sie für drei Jahre im «Riverside Hospital» auf North Brother Island isoliert. Soper besuchte sie dort ein weiteres Mal, um sie als Mitarbeiterin für seine Buchpublikation zu gewinnen. Er versprach ihr, ihren realen Namen geheim zu halten und sie auch reichlich zu entlohnen. Sie aber lehnte es weiterhin ab, öffentlich zu einem medizinischen Fallbeispiel gemacht zu werden, und zeigte sich auch ihm gegenüber störrisch. Weil sie selbst ihre Geschichte nicht erzählen wollte, konnte Soper daraus ein eigenes moralisierendes Narrativ entwickeln, indem er aus der ahnungslosen jungen Köchin eine randständige Arbeiterin machte, die in ärmlichen Behausungen – wo auch Prostituierte anzutreffen waren – wohnte. Nicht aber ihre sexuelle Promiskuität stellte eine Bedrohung dar: Ihre kriminelle Freizügigkeit betraf vielmehr den Umstand, dass sie als Köchin fahrlässig Nahrung für Menschen zubereitete, mit der sie diese infizierte. In den von Soper verfassten wissenschaftlichen Abhandlungen wird sie zur allegorischen Figur des *superspreader* gemacht, die nur deshalb so gefährlich ist, weil sie als alleinstehende Immigrantin an keinen eigenen Haushalt gebunden ist. Ihre Bewegungsfreiheit erhöht die Ansteckungsgefahr für ihre Mitmenschen. Einerseits erlaubt es diese ihr, für mehrere Haushalte zu arbeiten, und so zirkuliert sie täglich in der Stadt und Umgebung von New York. Andererseits erkennt sie niemand als Krankheitsträgerin, und so kann sie auch von einer Anstellung zur nächsten wechseln.

Zwei Jahre nach ihrer Inhaftierung beauftragt die gefangene Mallon einen Anwalt mit ihrem Fall. Das Gericht muss entscheiden, ob die Stadt einer Unschuldigen das Recht auf Freiheit entziehen darf – oder ob sie die Verantwortung dafür übernehmen will, einen Krankheitsherd, der bereits 28 Menschen angesteckt hatte, freizulassen. Die Öffentlichkeit ist unentschlossen, ob «Typhoid Mary» eine reale Gefahr für die Bevölkerung darstellt oder ob es sich um eine Fehleinschätzung vonseiten der Behörde handelt. Der Gerichtsspruch fällt schliesslich zugunsten der Gesundheitsbehörde aus, und Mary Mallon muss in der Isolationshaft im Riverside Hospital bleiben. Erst drei Jahre später führt ein Wechsel in der Verwaltung der Gesundheitsbehörde zu ihrer Entlassung, allerdings unter der Bedingung, dass sie nie wieder als Köchin arbeiten darf. Zudem muss sie sich regelmässig bei der Behörde melden. Ihr Rechtsanwalt droht damit, die Stadt New York zu verklagen. Den Ärzten ist es nämlich nie gelungen, eindeutig festzustellen, ob Mallon je selbst Typhus hatte. Die Verleumdete hingegen macht listig von jener Bewegungsfreizügigkeit Gebrauch, die ein so entscheidender Teil ihrer Geschichte ausmacht: Sie nimmt einen neuen Namen an und taucht unter.

Erst als im Jahr 1915 Typhus erneut ausbricht, wird sie im «Sloane Hospital» für Frauen entdeckt, wo sie wieder als Köchin arbeitet und bereits 25 Leute infiziert hat. Diesmal wird ihre Schuldhaftigkeit nicht länger infrage gestellt. Eine Überschrift in der NEW YORK TIMES lautet: «Typhoid Mary ist wieder aufgetaucht. Menschliches Kulturröhrchen, selbst immun, verbreitet die Krankheit, wo immer sie hingeht.» Im öffentlichen Blick ist sie zu einem Typus verdichtet worden: Die störrische Serientäterin, deren kriminelle Freizügigkeit das Gemeinwesen bedroht. Hätte sie sich an die Vorschriften gehalten, hätte sie einen Ausbruch verhindern können. Die Gesundheitsbehörde nimmt sie wieder in Gewahrsam und verweist sie auf Lebenszeit auf die Isolierungsstation auf North Brother Island. Inzwischen hat sie sich mit dem Freiheitsentzug abgefunden und versucht nie mehr zu fliehen. Später darf sie wegen guter Führung als Technikerin in Laboren arbeiten. Sie stirbt im Alter von 69 Jahren an einer Lungenentzündung. Erst ihre Leiche gibt definitiv Auskunft: Bei der Autopsie finden die Ärzte lebende Typhusbakterien in ihrer Gallenblase.

Eine weitere moderne Pandora wird in *The Killer that Stalked New York* (1950) von Evelyn Keyes gespielt. Als Denkfigur greift der Regisseur Earl McEvoy die weibliche Freizügigkeit als Quelle für eine Seuche auf. Die Anfangsszene bildet eine Reihe von typischen Momentaufnahmen des New Yorker Alltags. Eine männliche Stimme aus dem Off behauptet, die Grossstadt sei so sicher wie der Granit, auf dem sie gebaut wurde. Dieser urbane Überlebenswille wird beschworen, da vor wenigen Jahren – im November 1947 – fast die komplette Bevölkerung der Stadt ausgelöscht wurde. Verantwortlich für die allumfassende Zerstörung, die jedoch noch rechtzeitig abgewendet werden konnte, ist das Stereotyp des Stalkers, der im Filmtitel genannt wird. Den Epidemiologen nicht unähnlich, nutzt das Drehbuch den Blick in die Vergangenheit, um die Angst vor einer möglichen Wiederholung in der Zukunft zu mindern. Zugleich bedient es sich einer Personalisierung dieser Gefahr. Die Einfahrt eines Zugs wird mit einem Hinweis der Erzählstimme aus dem Off unterlegt: «Der Tod hat sich nicht auf einem Rutenbündel oder in einem Güterwagen versteckt in die Stadt hineingeschlichen. Er kam in einem Linienzug, erste Klasse, direkt in der Pennsylvania Station an, lebensgross. Und als er endlich aus seinem Salonwagen auf den Bahnsteig hinaustrat, war er eine verführerische Erscheinung. Er trug Lippenstift, Nylonstrümpfe und einen wunderschön geschneiderten Mantel, in dem eine schillernde Nachtklubtänzerin steckte. Souvenir aus Kuba. Sein Name war Sheila Bennet.»

An der Figur von Sheila Bennet wird das tradierte Gleichnis von Seuche und weiblicher Verführerin dingfest gemacht. Die Kleinkriminelle hat zusammen mit nicht deklarierten Diamanten unwissentlich auch die Pocken eingeführt. Entscheidend für die moralisierende Wirkung dieser Geschichte ist der Umstand, dass sie nicht als Figur des Bösen gezeichnet wird, vielmehr wurde sie von ihrem Ehemann, einen halbseidenen Lateinamerikaner, zu dieser Tat angestiftet. Somit steht sie auch für die Verletzlichkeit einer leichtgläubigen amerikanischen Frau. Ihre Neugierde für das Exotische steckt sie gleich doppelt an: mit einer kriminellen Energie und einem im Ausland aufgeschnappten tödlichen Virus. Dabei ist der Ursprungsort bezeichnend. Im paranoiden Stil der amerikanischen Politik des frühen Kalten Kriegs ging von Kuba eine ähnliche Bedrohung aus wie heute für die Regierung unter Trump von China. Der Film nimmt ein Denkbild auf, das wir aus der Geschichte der «Typhoid Mary» bereits kennen: Die blonde Nachtklubtänzerin ist gerade deshalb so gefährlich, weil sie niemand als Mörderin verdächtigt. Sie benötigt auch keine Waffen, um zu töten. Allein dadurch, dass sie sich durch eine Menge bewegt, eine Treppe hochsteigt oder sich auf eine Bank setzt, kann sie Menschen töten, die ihr rein zufällig über den Weg laufen.

Die warnende Stimme aus dem Off steckt uns mit ihrer paranoiden Prägung an. Ab jenem Moment, in dem Sheila die «Penn Station» verlässt, blicken wir mit Sorge auf alle Menschen, mit denen sie in Berührung kommt: Der Gepäckträger, der ihren Koffer zum Taxi bringt. Ein Junge, der in einem Park vom selben Trinkbrunnen wie sie Wasser schlürft, das kleine Mädchen im Health Office, dem sie ihre funkelnde Brosche schenkt. Sheila sucht den Arzt auf, da sie seit ihrer Ankunft an Kopfschmerzen leidet. Er kann jedoch die Symptome nicht richtig lesen, denn er geht davon aus, dass das Pockenvirus seit über zehn Jahren ausgestorben sei. Sheila führt also in New York keine dort unbekannte Krankheit ein – anders als Mary Mallon – sondern eine, von der man überzeugt ist, dass sie gänzlich überwunden sei. Schliesslich diagnostiziert der Arzt doch noch eine Pockenerkrankung. Er nennt die Seuche einen «Mörder aus der Vergangenheit, der sich frei auf den Strassen bewegt». Damit spricht er zwei unterschiedliche Denkbilder der Gefährdung an: Einerseits eine Krankheit, die nie komplett stirbt, sondern über Jahrzehnte ruhen kann, bevor sie wieder ausbricht. Andererseits die ungezügelte Bewegungsfreiheit einer Trägerin, die selbst nicht ahnt, dass sie das Virus verbreitet.

Wie im Fall der «Typhoid Mary» führt die Spur zu Sheila über jene Personen, die sie angesteckt hatte. Für die Polizei wie den Arzt steigt der Druck mit jedem Tag, den *superspreader* zu finden, da Sheila sich frei in der Stadt bewegt und somit immer mehr Opfer hinterlässt. Zudem droht der Impfstoff der Gesundheitsbehörde auszugehen. Ganz im Sinne dessen, was wir uns heute von einer Tracking-App versprechen, muss die Quelle möglichst schnell gefunden und isoliert werden, bevor Sheila selbst stirbt. Es gilt, um jeden Preis in Erfahrung zu bringen, wo sie sich seit ihrer Ankunft in der «Penn Station» aufgehalten hatte. Sheilas Geständnis, bei dem es nicht um geschmuggelte Diamanten, sondern die Wegstrecke geht, die sie durch die Stadt New York gemacht hatte, ist die einzige Schutzmassnahme, die das Virus eindämmen könnte. Es zeichnet sich noch expliziter als in *Jezebel* eine entscheidende Abwandlung der Femme fatale ab: Die transgressive Frau, die für die Verbreitung der Krankheit verantwortlich ist, entpuppt sich als Retterin der Stadt. Sie sühnt das Unheil, das sie – wenn auch unwillentlich – verbreitet hat, mit ihrem eigenen Tod.

Zugleich verhindert ihre Aussage auch das Eintreffen der Katastrophe, die der Bürgermeister vorhersagt: Die von Menschen gänzlich entleerten Strassen und Plätze in New York City.

Steven Soderberghs *Contagion* (2011) wird momentan in den Medien als Prequel zur Covid-19-Pandemie gelesen. Dieser Parcours durch frühere Beispiele der fatalen Verführerin erklärt, warum der Film mit einer Nahaufnahme der hustenden Gwyneth Paltrow beginnt: Explizit verkörpert diese blonde Frau die Angst vor einer an sexuelle Promiskuität gekoppelten Bewegungsfreizügigkeit. Die 34-jährige Beth Emhoff, Managerin beim Konzern AIMM ALDERSON, sitzt im Flughafen in Chicago an einer Bar. Zur Arbeit dieser Pandora des 21. Jahrhunderts gehört das viele Herumreisen, was auch eine Art Neugierde darstellt. Sie ist aus Hongkong angereist und hat, ohne es zu wissen, eine tödliche Infektion eingeführt. Wie in *The Killer that Stalked New York* wird der Blick der Zuschauerinnen und Zuschauer innert Sekunden ein paranoider. Alles, was die sichtlich erschöpfte Frau berührt – die Nüsse, das Handy, die Kreditkarte – könnte die Krankheit übertragen. Das Gespräch, das sie führt, bevor ihr Flug aufgerufen wird, lässt uns zudem erkennen, dass sie gerade Sex mit ihrem Ex-Freund John Neal in einem Hotelzimmer hatte. Der Hinweis auf seine private E-Mail-Adresse weist darauf hin, dass sie diese klandestine Affäre fortführen wollen. In einer Montagesequenz wird die Spur der Infizierten sichtbar gemacht, bevor sie bei ihrem Gatten Mitch in Minneapolis ankommt: In Hongkong ein Kellner, in London eine andere Geschäftsreisende und in Tokio einer ihrer Kollegen. Sie alle hatten einen Tag vorher in einem Casino in Macao mit Beth, wenn auch nur flüchtig, Körperkontakt.

Soderbergh treibt das Denkbild der fatalen Freizügigkeit einer Frau noch ein Stück weiter: Seine Heldin betrügt nicht nur ihren Gatten, sondern bringt den Tod in die eigenen vier Wände. Während sich Mitch als immun erweist, infiziert sie den Sohn, den sie bei der Ankunft mütterlich in die Arme nimmt. In ihrer Küche hat sie den ersten Krampfanfall und liegt zuckend auf dem Boden. Aus ihrem Mund quillt weisser Schaum. Kurz darauf stirbt Beth im Krankenhaus einen qualvollen Tod. Als erstes amerikanisches Todesopfer des Virus erscheint sie zugleich doppelt bestraft: Sie erliegt nicht nur jener Krankheit, die sie zu verbreiten begonnen hatte, sondern die Filmbilder nach ihrem Tod verzerren zusätzlich den Anblick der Erkrankten auf schreckliche Weise. Weil sich die Ärzte nicht erklären können, woran sie gestorben ist, führen sie eine Autopsie durch. Die Zuschauer bekommen zu sehen, wie der Leiche zuerst in den Kopf gebohrt und dann die Schädeldecke nach vorne geklappt wird. Was der Arzt in ihrem Hirn entdeckt, wird uns zwar vorenthalten, doch es muss so furchterregend sein, dass er sein ganzes Team rufen lässt. Das schöne Gesicht von Gwyneth Paltrow wird im wahrsten Sinne als Maske für eine Bedrohung entlarvt, die in die intimste Sphäre ihres Lebens reicht. Nicht nur der Sohn stirbt fast zeitgleich mit ihr, auch der geheime Liebhaber in Chicago wird von der Ambulanz abgeholt. Die modernen Pandoras haben sich über die verantwortungslose Immigrantin Mary Mallon und die trügerische Nachtklubtänzerin Sheila Bennet am Anfang des 21. Jahrhunderts zur erfolgreichen Geschäftsfrau, die geschäftlich um die halbe Welt fliegt, entwickelt. Die Ursprungsländer des Virus sind erst Irland, dann Kuba und schliesslich China. Wie ihre Vorgängerinnen wird auch Beth Emhoff als Frau, die eigenwillig ihre Bewegungen bestimmt, kulpabilisiert.

Der Film *Contagion* führt uns vor, was auch heute die Epidemiologen beschäftigt. Das Nachspüren all jener, mit denen diese Geschäftsfrau in Kontakt gekommen war, soll helfen, den Ursprung des Virus zu rekonstruieren und somit eine Prävention zu ermöglichen. Das Beweismaterial, das Beth Emhoff eindeutig als Patientin null identifiziert, liefert allerdings eine Überwachungskamera in einem Casino in Macao. Entscheidend an dieser Szene ist aber auch die gänzlich andere Inszenierung von Gwyneth Paltrow. Hier stellt sie als Gegenbild zu der bleichen Sterbenden eine lebenslustige, sinnliche Frau dar. Ihr eng anliegendes Kleid ist aus einem dunklen, mit roten und goldenen Blumen gemusterten Stoff. Strahlend trinkt sie einen Cocktail und erfreut sich sichtlich am Glücksspiel und ihrem unerwarteten Gewinn. Dann steht sie an der Bar und arrangiert das heimliche Treffen mit ihrem Liebhaber in Chicago. Von der Vorfreude des Verbotenen ist sie sichtlich erregt. Im Gegensatz zu den in grauen Blautönen ausgeleuchteten Szenen in Minneapolis spenden in dieser Szene goldene Laternen ein warmes, rötliches Licht. Das Casino in Macao erscheint als Babylon des 21. Jahrhunderts, und Beth, die achtlos herumwandert, als dessen laszive Königin.

Die gefährliche Neugierde, die sie mit der antiken Pandora teilt, wurde nicht im Casino in Macao geweckt, sondern in einer früheren Szene. Einen Tag davor, den Soderbergh als «Tag 1» betitelt, nahm Beth in einem chinesischen Restaurant an einem Festmahl teil. In einer Rückblende, die nur für die Zuschauerinnen und Zuschauer gedacht ist, sieht man, wie Beth den Koch zu sich rufen lässt. Sie möchte ein Foto mit ihm machen. Die Zuschauer haben einen Wissensvorsprung: Beim Roden eines Regenwalds hatte ein Bulldozer des Grosskonzerns AIMM ALDERSON, für den Beth arbeitet, einen Bananenbaum gefällt. Die Fledermäuse, die dort wohnten, wurden dadurch aufgescheucht. Eine davon fand in einem Schweinestall Zuflucht und infizierte mit einem Stück Banane jenes Schwein, das der Koch später im Restaurant zubereitet, als er gerufen wird. Zwar wischt er seine Hände an seiner Schürze ab, doch Beth besteht darauf, für das Foto seine Hände fest in ihren zu halten. Kokett lächelt sie in die Kamera. Durch ihr unerschütterliches Interesse am Fremden hat sie den Tod zu sich geholt. Schauen wir *Contagion* heute als Vorlage für die Coronapandemie an, merken wir noch etwas Unheimliches: Die dort vorgeführte Rekonstruktion hat uns nicht vor dem Ausbruch eines erneuten Virus geschützt. 2011, als der Film herauskam, konnten wir die prophetische Warnung noch nicht deuten.

*

Und wer ist die prototypische Pandora heute? Wer wird heute von den Medien als Trägerin oder Patientin null ins Fadenkreuz genommen? Die chinesische Touristin, die jene westliche Kultur, von der sie vorher nur gehört hat, nun selber erfahren möchte? Die chinesische Studentin, die sich an westlichen Hochschulen ausbilden lässt? Die chinesische Näherin in der italienischen Textilindustrie, die in Prato billige Mode für den westlichen Markt herstellt? Die chinesische Mitarbeiterin globaler Konzerne? In Deutschland war der erste Covid-19-Patient ein 33-Jähriger, der für den Automobilzulieferer WEBASTO in Oberbayern arbeitet. Eine aus China eingereiste Kollegin hatte dort eine Schulung durchgeführt und ihn angesteckt. Die arbeitstätige Ausländerin, die für den Ausbruch einer Seuche verantwortlich gemacht wird, erscheint hier mit einem neuen Gesicht. Die Köchin des frühen 21. Jahrhunderts ist eine Dozentin. Sie hat den Mann nicht nur mit ihrem Wissen «gefüttert», sondern gleichzeitig mit dem neuen Coronavirus infiziert.

Das Gegenbild dazu wäre die utopische Fantasie der italienischen Virologin Ilaria Capua, Direktorin des One Health Center of Exellence an der University of Florida. Im März 2020 behauptete sie in mehreren Interviews, Frauen seien gegenüber dem Virus resistenter als Männer – als hätten sie einen angeborenen biologischen Impfstoff in sich. Anknüpfend daran hat sie in der TV-Sendung *Dimartedì* Vertreter der Wirtschaft dazu aufgerufen, eine «Geschlechterrevolution zu erwägen, die entstehen könnte», wenn die Kurve zu sinken beginnt. Als jene, die für diese Infektion weniger empfänglich sind, sollten Frauen als Motor des Neustarts an vorderster Front stehen, auch in der Forschung. Das Bild, das sich die Virologin für die Zeit nach der Quarantäne in Italien ausgemalt hat, ist nicht ganz angstfrei. Denn würde man auf ihren Appell eingehen und die Frauen früher als den männlichen Teil der Bevölkerung einsetzen, könnte laut Capua folgende Situation eintreffen: «Du findest dein Büro aufgeräumt», weil die Frauen, wie es von ihnen verlangt wird, alles wie gewohnt in Ordnung gebracht haben. «Oder vielleicht findest du deinen eigenen Stuhl nicht mehr.» Auf diesem könnte die Frau inzwischen selbst sitzen. In dieser Prophezeiung steckt eine Art weiblicher Eigensinn. Es wundert kaum, dass man dem Vorschlag von Ilaria Capua nicht gefolgt ist.

VIREN FÜHREN UNS INS REICH DER UNTOTEN

In einer Kolumne in der NEW YORK TIMES vom 9. Mai 2020 schreibt die Journalistin Maureen Dowd, dass seit dem Ausbruch der Covid-19-Pandemie die Fledermaus zum globalen Schurken gemacht wurde. In Verruf geraten ist damit auch die Figur des Vampirs, der, um sich zu tarnen, gerne die Gestalt des nachtaktiven Säugetiers annimmt. Diese Figur aus der Schauerliteratur wird in der Berichterstattung immer wieder als Sinnbild benutzt. Erkrankte erzählen davon, wie die schrecklichen Leiden tagsüber zurückgehen, um mit besonderer Bösartigkeit nach Sonnenuntergang wieder zuzuschlagen. Der Fernsehjournalist Chris Cuomo, selbst erkrankt, nannte während seiner Quarantäne das Virus «die Bestie, die nachts kommt». Maureen Dowd geht es ihrerseits darum, in Donald Trump einen politischen Vampir zu erkennen. Indem er die hohe Anzahl der Erkrankten in seinem Land leugnet, macht er – so die böszüngige Pointe von Maureen Dowd – aus den Toten Untote, damit er behaupten kann, dass gar nicht so viele Menschen in den USA am Virus gestorben sind. Vor allem aber der Hinweis darauf, dass der Grossvater des amerikanischen Präsidenten, ein deutscher Immigrant namens Friedrich, wahrscheinlich an der Spanischen Grippe gestorben sei, bietet eine Spur, der es sich neben aller Häme nachzugehen lohnt. Er soll dieser Seuche ausgesetzt gewesen sein, als er im Jahr 1918 auf der Suche nach Immobilieneigentum kreuz und quer durch Queens lief.

Die Anspielung bezieht sich natürlich auf den berühmten viktorianischen Vampirroman *Dracula* von Bram Stoker, der bereits im Jahr 1897 erschienen ist. Der Roman beschreibt, wie eine tödliche Pandemie nach England eingeführt wird, weil ein Immobilienmakler dem Grafen Dracula aus Transsilvanien mehrere Grundstücke im Grossraum von London verkaufen möchte. Wie bereits andere Autoren vor ihm beschwört auch Bram Stoker das Übernatürliche als Reaktion auf die Vorstellung, eine Seuche könnte von Tieren auf Menschen übertragen werden. Die Essayistin Joan Didion hat mit dem Titel *The Year of Magical Thinking* für das Tagebuch, in dem sie ihre Trauer über den unerwarteten Tod ihres Gatten verarbeitet, den Begriff «magisches Denken» geprägt. Traumatische Ereignisse sind somit nicht mehr zufällig, sondern unterliegen einer Notwendigkeit. Bram Stokers Roman nutzt magisches Denken nicht nur, um Ängste zu erklären, sondern bedient sich einer zusätzlichen Deckgeschichte. Die tödliche Ansteckungsgefahr erscheint in der Gestalt eines eleganten Aristokraten aus einer fremden Gegend in Mitteleuropa, der auf seine Opfer eine geheimnisvolle Ausstrahlung ausübt. Die Assoziationskette lässt sich weiterspinnen. Die erste noch erhaltene Verfilmung von Stokers Roman kam unter dem Titel *Nosferatu. Eine Symphonie des Grauens* im Jahr 1922 in die Kinos. Weitaus expliziter als die Romanvorlage bezieht sich diese eigenwillige Adaption von F. W. Murnau auf eine reale Epidemie: Das grosse weltweite Sterben während der Spanischen Grippe.

Seitdem der Kulturkritiker Siegfried Kracauer seine psychologische Geschichte des Weimarer Kinos unter dem Titel

Von Caligari zu Hitler veröffentlichte, hat die Filmkritik diesen frühen Vampirfilm vor allem als verheissungsvolle Vorahnung verstanden: Mit Hitler, der kraft seiner Verführungskunst das deutsche Volk willenlos machte und es mit sich in den Untergang zog, fand Murnaus Vampir auf schreckliche Weise seine historische Entsprechung. Angesichts der Covid-19-Pandemie zeigt sich allerdings, welche Brisanz darin steckt, die Schilderung der Pest in *Nosferatu* wörtlich zu nehmen. Es gilt zu fragen: Was lässt sich mithilfe des Rückgriffs auf diese aus der Schauerliteratur tradierte Figur über den Ausbruch einer tödlichen Krankheit erzählen? Welche Erklärungsangebote bietet uns das Übernatürliche überhaupt?

Der Stummfilm hebt bereits mit der ersten Titelkarte hervor, dass es sich um eine Aufzeichnung des grossen Sterbens in Wisborg auf der Ostseeinsel Gotland im Jahr 1838 handelt. Gleichzeitig verwischen die Grenzen zwischen wirklichen Ereignissen und Traumvisionen. Die Zuschauer können sich nie sicher sein, ob der Vampir die deutsche Hafenstadt tatsächlich heimgesucht hatte oder ob von Anfang an alles nur ein Hirngespinst war. Die zweite Titelkarte warnt: «Nosferatu: Tönt das Wort nicht an wie der mitternächtige Ruf eines Totenvogels. Hüte Dich, es zu sagen, sonst verblassen die Bilder des Lebens zu Schatten, spukhafte Träume steigen aus dem Herzen und nähren sich von Deinem Blut.»

Die Geschichte wird genau das tun, wovor diese Titelkarte warnt: Sie wird den Namen zu neuem Leben erwecken und geisterhafte Bilder in Erscheinung treten lassen. Dabei ist dies ein Hinweis auf die Kinoleinwand selbst. Für die Dauer der Filmvorführung ist auch der Alltag des Publikums in den Schatten gerückt; werden auch wir von der Anziehungskraft dieser Todesfigur infiziert. Kreist – wie so oft die gegenwärtigen Berichte von Epidemiologen – auch diese fiktionale

Aufzeichnung um die Frage nach der Quelle, der Art der Verbreitung und der Tilgung der tödlichen Infektion, wird im Film diese Entwicklung anhand eines Liebespaars erzählt, das vom Vampir gebissen wird. Um eine Wirkung zu haben, muss das Drehbuch das Mitgefühl der Zuschauerinnen und Zuschauer für den Protagonisten Thomas Hutter und seine Frau Ellen wecken. In der Identifikation mit diesen beiden Figuren können wir – wie Freud dies in seinen zeitgemässen Gedanken zum Tod festhält – das tragische Schicksal der beiden miterleben. Wir dürfen es sogar geniessen, indem wir uns jederzeit unseres eigenen Überlebens sicher sein können. Es ist nur die Welt der Kinofiktion.

Hutter arbeitet als Jurist für einen Immobilienmakler. Wie in der Romanvorlage will dieser an einen geheimnisvollen Fremden namens Graf Orlok ein Grundstück in der kleinen Stadt verkaufen. Der Makler schlägt das herrenlose Haus direkt gegenüber dem seines ahnungslosen Mitarbeiters vor und schickt Hutter nach Transsilvanien, um den Vertrag vom Grafen unterschreiben zu lassen. Im sinistren Makler hat der Vampir einen Komplizen gefunden, ruft dieser doch wissentlich das grosse Sterben in die Stadt. Es scheint, als ob es dem Regisseur Murnau bereits damals um jene unheilvolle Verschränkung von globalem Handel und Pandemie gegangen wäre, die heute mit neuer Brisanz ins Blickfeld gerückt ist. Hutter befindet sich bald darauf in einer Herberge in Transsilvanien. Zu nächtlicher Stunde nimmt er ein Buch aus dem Jahr 1639 über den sagenumwobenen historischen Nosferatu zur Bettlektüre in die Hand. Während seines Aufenthalts auf dem Schloss des Grafen konsultiert der glücklose junge Mann wiederholt dieses Buch. Er ist sich unsicher, ob das Beängstigende, das ihm widerfährt, nicht seiner eigenen Fantasie entspringt. Er sucht in diese Schauerlektüre – wie später auch seine Frau Ellen – nach Erklärungen für all die merkwürdigen Ereignisse, die ihm widerfahren.

Als der Film 1922 ins Kino kam, tat es das Publikum ihm womöglich gleich. Auch den Zuschauern sollte diese Schauergeschichte, die sich ein knappes Jahrhundert früher abgespielt hatte, helfen, das grosse Sterben der Spanischen Grippe zu verstehen. Die Analogie zwischen Vampir und Virus, die Murnaus Film etabliert, geht allerdings noch weiter. Der Name Nosferatu, der, wie die Titelkarte anfangs warnt, Hutters Träume heraufbeschwören wird, gehört zu einer Legende, die über die Jahrhunderte verbreitet worden ist. Wie das Virus ist somit auch die Figur des Nosferatu ein Wesen, das nicht abstirbt, sondern in unserem kulturellen Bildrepertoire herumwandert und seine Gestalt jeweils der Zeit, in der es wieder erscheint, anpasst. Typisch für das Genre der Fantastik ist, dass der Status des Vampirs stets unklar bleibt. Soll der Zuschauer glauben, dass es dieses übernatürliche Wesen tatsächlich gibt und das Kino uns zeigt, was die Wissenschaft abstreitet? Oder sollen wir die Ereignisse, die sich auf dem Schloss von Graf Orlok abspielen, als Hirngespinst oder Fantasie eines Mannes verstehen, der dort nicht nur von der Pest, sondern vor allem von seiner Vampirlektüre angesteckt worden ist? Verleiht er im Fieberdelirium den schauerlichen Geschichten Gestalt, von denen er vor dem Schlafengehen gelesen hat? Und steckt er gar die Zuschauer mit diesen inneren Traumbildern an?

Ganz egal, für welche Deutung man sich entscheidet: Der Untote, der tagsüber in seinem Sarg ruht und nachts auf Nahrungssuche geht, braucht das Blut seines Opfers. In diesem Fall ist es das Blut des jungen Mannes, den Nosferatu in seinem Schloss bewirtet. Die zwei Markierungen am Hals, die Thomas Hutter für Mückenstiche hält, bezeugen seine Infektion. Festzuhalten ist ebenfalls: Auch in der Vampirlegende spielt die Frau eine entscheidende Rolle. Nicht aber, weil ihr Eigensinn und ihre Neugierde massgeblich dazu beitragen, das Virus zu verbreiten, sondern wegen ihrer Schönheit. Fatalerweise trägt Hutter während seines Aufenthalts in Transsilvanien eine Kette mit einem Porträt seiner Gattin bei sich. Es ist denn auch das betörende Gesicht Ellens, welches Nosferatu überzeugt, das Haus in Wisborg zu kaufen. Ellen fungiert somit als Spielball zwischen drei Männern: dem todeslüsteren Grafen und seinem Verbündeten, dem Immobilienmakler, sowie dessen ahnungslosem Gesandten, ihrem Ehemann Hutter. Die Schönheit einer Frau trägt die Schuld dafür, dass ein Vampir auf Reisen geht und sich mit ihm eine tödliche Seuche verbreiten kann. Darin liegt eine erste Erklärung dafür, warum das Heraufbeschwören dieser Legende in Zeiten einer Pandemie Trost spenden kann. Dabei erweist sich Ellen nicht nur als Auslöser der Seuche, sondern auch als diejenige, die sie ebenso auslöschen kann. Hat sie unwissentlich den Ausbruch des Todes in Wisborg mitverschuldet, wird sie sich eigenmächtig opfern, um die Seuche schliesslich zu tilgen.

Daraus ergibt sich eine weitere Erklärung für den Trost, den der Aberglaube zu spenden vermag. Murnau nutzt in *Nosferatu* die Figur des Vampirs, um der Verbreitung der Seuche eine greifbare Gestalt zu geben. Auf diese Weise kann ein «unsichtbarer Feind» begreifbar gemacht werden. Wie Freud in seinen Gedanken zum Todestrieb festhält, bedeuten die drei Gefühlsregungen Schreck, Furcht und Angst nicht dasselbe: «Angst bezeichnet einen gewissen Zustand wie Erwartung der Gefahr und Vorbereitung auf dieselbe, mag sie auch eine unbekannte sein; Furcht verlangt ein bestimmtes Objekt, vor dem man sich fürchtet; Schreck aber benennt den Zustand, in den man gerät, wenn man in Gefahr kommt, ohne auf sie vorbereitet zu sein, betont das Moment der Überraschung.»

Als personifizierte Ansteckungsgefahr, auf die wir durch die Titelkarte am Anfang vorbereitet sind, mag der Name Nosferatu Angstfantasien auslösen. Diese aber schützen uns gegen den Schreck. Weil die Bedrohung an einer bestimmten Figur festgemacht wird, kann das Moment der Überraschung entschärft werden. Wir können uns vor dem Vampir fürchten, sind aber auf den fatalen Ausgang, den seine Wanderlust haben wird, vorbereitet. Es gehört zur Ironie der Geschichte, dass der Schauspieler, der für seine Darstellung des Nosferatu berühmt geworden ist, Max Schreck heisst.

Wie gegenwärtige Berichte von Virologen die Bewegung aufzeigen, mit der sich die Krankheit langsam verbreitet, zeichnet Murnau die Verbreitung auch in seinem Film genau nach. Eine weitere Titelkarte erklärt: «Nosferatu war auf dem Wege. Die Gefahr für Wisborg zog heran.» Särge mit Erde werden auf den Zweimastschoner «Empusa» geladen, dann läuft das Schiff aus. Nur die Zuschauer wissen aus einer früheren Szene, dass Nosferatu in einem dieser Särge schläft. Die Krankheit ist somit ebenfalls an Bord. Die dramaturgische Botschaft besagt: Wir dürfen uns nicht nur auf das vorbereiten, von dem wir wissen, dass es stattfinden wird, sondern wir dürfen auch stellvertretend geniessen, wie sich der Schreck der Bürger von Wisborg langsam in Furcht verwandelt. Ein Zeitungsartikel hält den Verlauf der Seuche fest: «In Transsilvanien und in den Häfen des Schwarzen Meeres Varna und Galaz ist eine Pestepidemie ausgebrochen. Junge Leute werden in Massen hingerafft. Bei allen Opfern zeigen sich die gleichen eigenartigen Wundmale am Hals, deren Herkunft den Ärzten noch rätselhaft ist. Die Dardanellen wurden für sämtliche pestverdächtigen Schiffe gesperrt.» Nur wir Zuschauer kennen den Auslöser.

Murnau führt uns auf der «Empusa» vor, wie die Furcht die Besatzung, die auf diese Gefahr nicht vorbereitet war, überfällt. Zuerst erfährt der Kapitän von seinem Maat, dass einer der Matrosen erkrankt ist. Dann schleicht sich die Seuche durch das ganze Schiff. Wir dürfen uns vorstellen, wie Nosferatu jede Nacht einen weiteren Matrosen angreift. Die Leichen stehen für die unsichtbare Gefahr: Die Gefahr wird zum Objekt, ohne selbst in Erscheinung zu treten. Im Schein der sinkenden Sonne nehmen die beiden Männer vom letzten Kameraden Abschied. Dann springt der Maat, für den die Furcht unerträglich geworden ist, freiwillig ins Wasser, in den Tod. Nicht wegen der Schauergeschichte hat dieser Stummfilm auch heute noch eine unheimliche Wirkung, vielmehr weil er in uns vertrautes Wissen wachruft, das uns nur deshalb befremdet, weil wir es auszublenden versuchen. Man könnte von einer Wiederkehr des Verdrängten sprechen. War zu Murnaus Zeiten Transsilvanien das, was für uns heute China ist, so nimmt der Film *Nosferatu* vorweg, dass das Virus in der Fremde seinen Ursprung hatte. Auch die Bewohner von Wisborg konnten dessen langsame Verbreitung in der Zeitung verfolgen, aber auch sie brauchten den realen Anblick der vom Virus befallenen Körper, bevor sie bereit waren, die Gefahr auf sich zu beziehen.

Das Schiff wird zum Sinnbild des Horrors par excellence: Ein schwimmender Infektionsherd auf hoher See. In sich abgeriegelt, kann sich das Virus ungehindert überall an Bord verbreiten. Weil es zudem in Bewegung ist, führt das Schiff die Krankheit überall dort ein, wo es anlegt. Zugleich gibt der Träger der Infektion das endgültige Ziel vor. Zwar bindet sich der Kapitän an das Steuerrad, um nicht vom Kurs abzukommen, doch Murnau lenkt unseren Blick auf den neuen Kapitän, der das Schiff mit gespenstischer Eile direkt gegen Wisborg steuert. In seinen dunklen Umhang gehüllt, steht Nosferatu vorne am Bug der «Empusa». Dann fährt das Geisterschiff im Hafen von Wisborg ein und bringt die Pest in dieses idyllische deutsche Städtchen. Auch dafür bietet der Film ein treffendes Bild: Nosferatu klettert vom unteren Deck nach oben und blickt verschmitzt um sich. Mit einem Sarg unter dem Arm schleicht sich der hagere Max Schreck graziös von Bord. Aus seinem Schlupfloch folgt ihm eine Schar Ratten. Zu Recht ist diese Szene eine der berühmtesten des Weimarer Stummfilms – ihre Wirkung ist heute so betörend wie damals. Für uns hat der unsichtbare Feind eine ebenso hinreissende wie furchterregende Gestalt angenommen. Die Personifizierung macht das Virus nicht nur greifbar, sondern auch als merkwürdigen Sympathieträger begreifbar.

Das Logbuch, welches nach der Ankunft der «Empusa» dem Bürgermeister der Stadt überreicht wird, verwandelt den schreckenerregenden Anblick des menschenleeren Schiffs in die Furcht vor einer bestimmten Gefahr – der Pest. Es folgt, was wir im Frühling 2020 ebenso erlebt haben: Notstand wird ausgerufen. Der Bevölkerung wird befohlen, nach Hause zu gehen, alle Fenster und Türen zu verschliessen. Damit sich die Seuche nicht weiter auf den Strassen verbreiten kann, verbietet der Bürgerrat zudem, Infizierte ins Krankenhaus zu bringen. Die Erkrankten müssen daheim sterben. Die Furcht verwandelt sich in Angst, welche die ganze Stadt ergreift. Niemand kann mit Sicherheit sagen, wer noch gesund und wer schon krank ist. Die weissen Kreuze an den Haustüren der Angesteckten schüren die Gewissheit, dass es jeden treffen kann. Die Särge mit den Verstorbenen fungieren als Gegenbild zur Ankunft Nosferatus. Sie bezeugen die Auswirkungen, die Nosferatus Anwesenheit in Wisborg hat. Aus der einzelnen Gestalt, die unter dem Arm den eigenen Sarg in das neu erworbene Heim befördert, ist ein Zug von Särgen geworden, die auf den Schultern von Männern aus der Stadt hinausgetragen werden.

Angeregt von diesem Anblick nimmt Ellen das Buch über Nosferatu in die Hand, welches Hutter ihr verboten hat zu berühren. Die Lektüre entpuppt sich als literarische Infektion, die Ellen mit dem geschilderten magischen Denken ansteckt. Das Buch rät nicht zu Quarantäne und Auslagerung der Toten, sondern zum Selbstopfer einer schuldlosen Frau. Von dieser Beschreibung angesprochen, lotst sie den unbekannten Nachbarn von gegenüber in der darauffolgenden Nacht zu sich und lässt ihn tatsächlich in ihren Armen den Schrei des Hahns vergessen. Von den ersten Strahlen der Morgensonne getroffen, geht Nosferatu in Rauch auf. Mit ihm verschwindet die Krankheit, die er verkörpert hat, aber auch Ellen muss sterben. Weil ausser ihr niemand in Wisborg den Vampir zu Gesicht bekommen hat, wissen ihre Mitmenschen nichts von ihrer selbstlosen Tat. Ihre Leiche hält man für ein weiteres Pestopfer. Die letzte Titelkarte spricht dann auch von einem Wunder: «Zur selben Stunde hörte das grosse Sterben auf, und wie von den siegreichen Strahlen der lebendigen Sonne war der Schatten des Totenvogels verweht.» Die Zuschauer können nun selbst entscheiden, ob sie diesem wiedergewonnenen Frieden trauen möchten. Es könnte auch eine Mahnung vor ebenjenem Trost sein, den der Aberglaube uns zu schenken verspricht.

*

Seit dem Ausbruch der Covid-19-Pandemie schauen viele Leute wieder öfter Vampirfilme. Die Listen, die im Netz zirkulieren, bezeugen diese Lust. Wir wissen zwar, dass in der Wirklichkeit eine solch fantastische Geschichte nicht passieren kann. Doch als spekulatives Fabulieren enthält die Vorstellung, das Virus gehöre dem Reich der Untoten an, eine ungeheure Anziehungskraft. Als Pandemiegeschichte gelesen, macht *Nosferatu* sichtbar, warum wir für einen Tod, den wir nicht sehen und nicht begreifen können, in unseren Träumen gerne das Übernatürliche bemühen. Die Umkehr von Pragmatik in das magische Denken der Fantastik bietet für die diffusen Ängste griffige Denkfiguren. Viren erscheinen selbst für Expertinnen und Experten als eine Art Übergang zwischen Leben und Tod. Der Vergleich zwischen einer viralen Ansteckung und einem Vampir aus der Schauerliteratur, der mit seinem mit verseuchter Erde gefüllten Sarg auf Reisen geht, liegt nahe: Erst durch den Kontakt mit anderen Zellen wird das Virus, das an sich ein unbelebtes Erbgutschnipsel ist, wieder aktiv. Erst dann kann es sich schlagartig vervielfältigen und verbreiten. Hat es sich einmal im Wirt eingenistet, kann diese weder lebendige noch tote Entität zudem ungehindert jede Grenze und auch Türschwelle überschreiten und sich überall dort, wo der Wirt sie hingetragen hat, ungehindert ausbreiten. Zugleich muss das unselbstständige Virus – dem Vampir ähnlich – von einem menschlichen Wirt zum nächsten wandern. Um weiterleben zu können, muss es sich frei bewegen.

Der Reiz des magischen Denkens, in das wir uns angesichts einer Pandemie gerne mit unseren Tagträumen flüchten, reicht aber noch weiter. All jene, welche in die Rituale dieser Legenden eingeweiht sind, wissen, wie sie zu handeln haben: Statt Schutzmasken und Händewaschen dienen Knoblauchketten und Spiegel als Selbstschutz. Die Reaktion des Vampirs auf den Geruch von Knoblauch wie auch der Anblick seines Spiegelbilds verrät ihn. Erbaulich ist das Vampirnarrativ zudem, weil nicht die in unserem Alltag verordneten Zwangsmassnahmen – Tests, Mundschutz und Quarantäne – die entscheidende Wende bringen. Sie erweisen sich lediglich als hilflose Reaktionen auf einen heimtückischen Gegner. Auslöschen lässt sich der Vampir vielmehr durch eine mutige Tat, sei es das Selbstopfer einer treuen Frau oder der Stoss eines Pfahls direkt ins Herz durch einen entschlossenen Mann.

Die Logik des Aberglaubens entbehrt nicht einer gewissen Ironie: Was sich im Drehbuch in Rauch auflösen kann, lebt auf der Kinoleinwand weiter. Es vermehrt sich sogar, passt sich dem Geschmack der jeweiligen Zeit an, wie die vielen Dracula-Adaptionen, die seit *Nosferatu* an unterschiedlichen Schauplätzen gedreht wurden, bestätigen: 1979 Werner Herzog, 1988 Mario Caiano, 1994 Anne Goursaud, 2016 Alexander Melach. Das Narrativ, dass eine Viruserkrankung als Invasion von Untoten verhandelt wird, erfährt zudem eine Mutation. Die literarische Infektion, der sich Hutter bei der Lektüre über die historische Sagenfigur aussetzt, erfährt im Zombiefilm nicht nur eine Wiederbelebung, sondern gleich eine Vermehrung. Der melancholische Einzelgänger aus Transsilvanien lebt als Schar von Zombies weiter und mutiert mit jeder Generation. Weil es sich bei dieser Umwandlung um eine kulturelle Hybridisierung handelt, lohnt es sich in Erinnerung zu rufen, dass die Legende dieser Untoten ihren Ursprung im Voodoo-Kult auf Haiti hat. In der Bevölkerung herrschte die Vorstellung, dass die durch Zauberkräfte wiederbelebten Leichen nachts als Untote ziellos herumstreunen würden. Diese Vorstellung geht bis in die Zeit der Sklaverei auf Haiti zurück. Auf den Plantagen nutzten Sklaventreiber und Voodoo-Priester – oft selbst Sklaven – das Schreckensbild der Zombifizierung, um die Untergebenen vom Selbstmord abzuhalten. Es wurde ihnen eingeredet, sie würden sonst als untote Leibeigene zurückkehren und ihre Mitmenschen heimsuchen.

Dass die Figur des Zombies in die internationale Popkultur Eingang fand, geht auf die US-Besatzung von Haiti zwischen 1915 bis in die frühen Dreissigerjahre zurück. Für die Bemühungen der imperialistischen Streitkräfte, ein Segregationsgesetz auf der Insel einzuführen, erwies sich die Sage über Zombies als besonders nützlich. Es erlaubte den Befehlshabern, die karibischen Menschen, welche den amerikanischen Soldaten südlich ihrer nationalen Grenzen begegneten, als unheimliche Körper zu behandeln. Um sie besser zu kontrollieren, aber auch, um sie von den weissen Soldaten abzugrenzen, half es, diese «fremden» Einheimischen an ihrem Zombiekult zu messen. Zeitgleich mit der militärischen Besatzung tauchten in Haiti auch anthropologische Feldforscher auf, die den traditionellen Ritus des Voodoo erkunden wollten. Dank Reiseberichten und Briefen, welche sowohl die Soldaten als auch die Wissenschaftler nach Hause schickten, konnte sich diese Vorstellung der Untoten als Denkbild auf der Welt verbreiten. Losgelöst von ihrem Ursprungsort verwischen Zombies seither nicht nur die Grenze zwischen Tod und Leben, sondern stören auch die Vorstellung klarer geografischer Grenzen. Wie das Schiff «Empusa», das mit seiner gefährlichen Fracht ungehindert in den Hafen von Wisborg einfahren konnte, importierten die Berichte derer, die sich auf Haiti den Voodoo-Legenden aussetzen, eine besondere Art des karibischen Aberglaubens. Auf diese Weise nistete sich diese Vorstellung in das westliche, auf wissenschaftliche Experimente und wirtschaftliche Prognosen abgestützte Vernunftsdenken ein.

Kraft dieser Verbreitung konnte das spezifisch karibische Todesritual seinen Schauplatz wechseln. Diese Heimsuchung findet mittlerweile vor allem auf der Kinoleinwand und dem Computerbildschirm statt. Dafür bietet der Kultfilm *The Last Man on Earth* nach dem Drehbuch von Richard Matheson, der im Jahr 1964 seine Premiere feierte, ein eindrückliches Beispiel. Die erste Einstellung zeigt jenes Schreckensbild, von dem alle Pandemienarrative zehren: eine menschenleere Stadtkulisse. Der von Vincent Price gespielte Virologe Robert Morgan ist der einzige Überlebende. Seine Stimme aus dem Off erklärt, wie sein Leben drei Jahre nach dem Ausbruch einer Pandemie nun aussieht. In Bildern dürfen wir seine Alltagsroutine mitverfolgen. Er trägt Leichen, die vor seinem Haus liegen, zu einer Grube, um sie dort zu verbrennen. Aus verlassenen Läden holt er sich Proviant. Er sucht einen Häuserblock nach dem anderen ab, um die untoten Wesen, die tagsüber schlafen, mit selbst geschreinerten Holzpfählen nochmals zu töten. Kurz vor Sonnenuntergang verbarrikadiert er sich wieder in seinem Haus: Eine makabre Verzerrung dessen, was heute Selbstisolation genannt wird. Auch in dieser Verfilmung nimmt das tödliche Virus eine konkrete Gestalt an. Die diffuse Angst, die mit dem Ausbruch der Krankheit eingesetzt hat, ist der Furcht vor etwas ganz Bestimmten gewichen: Es sind die Untoten, die ein Hybrid zwischen Vampir und Zombie sind. Sie erscheinen jede Nacht vor Roberts Tür. Wie die Vorfahren aus Transsilvanien hält der Geruch von Knoblauch und der Anblick des eigenen Antlitzes im Spiegel sie davon ab, die Türen einzuschlagen. Die wiederbelebten Leichen sind durch den Tod verunstaltet und können sich nur langsam und ungelenk schwankend fortbewegen.

Ähnlich wie in *Nosferatu* reagiert auch dieses Drehbuch auf ein medizinisches Rätsel mit magischem Denken. Die Infizierten sterben keinen realen Tod, sondern werden mit der Absicht angesteckt, in ihre Gemeinde zurückzukehren. Die Erkrankten werden somit selbst zum Virus. Der Biss weist auf ihre Ansteckungsgefahr hin und wird zu einem körperlichen Merkmal. Die Transformation der Infizierten liefert ein Zerrbild und verdeutlicht, wie schlagartig aus einem gesunden Menschen ein Träger der Krankheit werden kann: Jede und jeder, der dem Virus ausgesetzt ist, könnte ihn auch weiterverbreiten. Durch diese Verwandlung zum Zombie wird die Gefahr erkennbar und wirkt wie die Verkörperung des Virus. Die skelettartige Figur, die in *Nosferatu* ihre Opfer hypnotisiert und dann mühelos Eintritt in geschlossene Räume findet, ist einem Schwarm gewichen, der von überallher kommt und in jedes ungeschützte Haus gewaltsam eindringt, um dort zu wüten.

Auch in *The Last Man on Earth* ist der letzte Überlebende der Pandemie in einer angehaltenen Jetztzeit zwischen gestern und morgen gefangen. Aus der Rückblende erfahren die Zuschauer, dass Robert am Geburtstagsfest seiner kleinen Tochter mit seinem Laborpartner über eine tödliche Krankheit gestritten hatte. Das Virus ist in Europa ausgebrochen und wurde vermeintlich vom Wind verstreut. Obwohl er bereits damals erkannte, dass es sich um einen unbekannten Krankheitserreger handelte, wollte er nicht an eine globale Verbreitung glauben. Die von der Regierung verordnete Massnahme, alle Erkrankten zu melden – eine Vorwegnahme unseres heutigen Tracking –, löst bei ihm eine ungute Vorahnung aus. Erst als seine Tochter gestorben ist und sogar von der Militärpolizei abgeholt wird, und kurz darauf auch seine Frau Virginia erkrankt, sucht er für diese beängstigenden Ereignisse im Übernatürlichen nach Erklärungen. Sein Laborpartner hat schon von Beginn an vermutet, dass es sich um eine Vampirinfektion handelt. Damit Virginia nicht wie alle anderen in der öffentlichen Grube am Stadtrand verbrannt wird, meldet er ihre Erkrankung nicht. Stattdessen begräbt er sie heimlich und muss erleben, wie sie als Zombie in derselben Nacht an seine Tür poltert. Sie ist die erste der vielen Untoten, die er, um sich selbst vor ihrem Biss zu schützen, ein zweites Mal tötet.

Im Hinblick darauf, wie eine tödliche Krankheit unsere Einstellung gegenüber dem Tod verändert, gibt diese Szene ein ergreifendes Denkbild ab. Der vom Virus infizierte geliebte Mensch stellt plötzlich eine Gefahr dar. Nur wegen der Verunstaltung, welche die Zombifizierung mit sich bringt, ist dieser Gedanke überhaupt erträglich. Der Gesunde kann sich einreden, die Bedrohung gehe nicht von einem geliebten Menschen aus, sondern von einem Monster. Dieses zu töten, ist nicht nur erlaubt, es ist eine Notwendigkeit, um das eigene Überleben zu sichern. Doch auch was die treue Ehefrau betrifft, findet in dieser Wiederbelebung des frühen Vampirfilms eine Mutation statt. Nach ihrem Selbstopfer ist Ellen in der letzten Szene von *Nosferatu* noch kurz als schöne Leiche zu sehen. In *The Last Man on Earth* kehrt Virginia nicht nur als fressgieriges Ungeheuer zurück, es gibt auch eine zweite Frau, von der das Überleben der Gemeinde abhängt. Ruth, die plötzlich wie aus dem Nichts auftaucht, lässt Robert kurz glauben, er sei nicht mehr allein. Sie aber ist ein Hybrid aus lebendigem und totem Mensch. Von der Krankheit infiziert, doch dank einer täglichen Injektion aus Blut und einem Impfstoff hat ihr Körper die Züge eines Zombies noch nicht angenommen. Sie hat ihre frühere Erscheinung beibehalten und kann zudem, im Gegensatz zu den Zombies, das Sonnenlicht ertragen.

Ihre Mutation verkörpert somit die Vorstellung, man könne mit dem Virus weiterleben, es in Schach halten, anstatt es besiegen zu müssen. Wie die Zombies immer in einer Schar auftauchen, ist auch sie keine Einzelfigur, sondern Teil einer neuen Spezies. Sie haben eine eigene Gemeinde gegründet und können sich gegen die Zombies erfolgreich zur Wehr setzen. Die vielen Leichen auf den Strassen haben sie zu verantworten. Doch auch Robert stellt in ihren Augen ein Monster dar, weil er ein Mensch ist. Er ist der Inbegriff dessen, was sie mal waren, aber nie mehr sein werden. Dies ist der Grund, warum er nicht ihrer Mutantenwelt angehören kann. In *The Last Man on Earth* ist es nicht die Frau, die sich bereit erklären muss, ihr eigenes Leben für das Wohl ihrer Mitmenschen hinzugeben, vielmehr wird der letzte menschliche Überlebende im Zuge eines kollektiven Rituals vor dem Altar in einer Kirche von den mutierten Zombies geopfert. Ruth und ihre Mitmutanten haben sich dort versammelt und schauen zu, wie ihr Anführer mit einem eisernen Pfahl, den sie auch benutzen, um Zombies zu töten, Robert Morgan mitten ins Herz trifft. Anders als in der Schlussszene von *Nosferatu* ist dieser Tod nicht erbaulich, sondern beunruhigend. Nicht der Mensch überlebt, sondern diejenigen, die er in seinen letzten Atemzügen «Freaks» nannte. Trotzdem hat nicht er, sondern Ruth das letzte Wort. Bevor es ihren Kameraden gelungen ist, ihn aufzuspüren, konnte er ihr eine Bluttransfusion verabreichen und sie durch seine Antikörper vollständig von der Infektion heilen. Während Ruth die Kirche verlässt, versichert sie einem Baby, das in den Armen seiner Mutter zu weinen beginnt: «Jetzt sind wir alle sicher.»

Dieser Trost ist ambivalent. Wird damit angedeutet, dass sie mit ihrem gesunden Blut auch die anderen vom Infekt heilen wird? Oder bezieht sich ihre Aussage darauf, dass den Mitgliedern ihrer Gemeinde nun keine Gefahr mehr von diesem tötungslustigen Menschen, der sie tagtäglich in ihren Schlafstätten aufgesucht hatte, droht? Zwar wird auch mit diesem Schlussbild der Sieg über ein grosses Sterben in einer Stadt gefeiert, doch die Fantasie eines Neubeginns stellt hier – anders als bei *Nosferatu* – keine Rückkehr zur ursprünglichen Idylle dar. Sondern betrifft vielmehr eine utopische Vision eines gänzlich neuen Starts, nachdem die Menschen ausgestorben sind. Was aber heisst es, dass in dieser apokalyptischen Vision Mutanten überleben? Ist die Feier einer neuen, hybriden Spezies überhaupt eine hoffnungsvolle Vision? Oder ist das Aussterben der menschlichen Rasse als Warnung zu verstehen? War alles nur die Fantasie eines immunen Träumers, der in der ersten Szene des Films morgens aufwacht? Und worin liegt der Reiz, sich das Virus als eine Schar von Untoten vorzustellen?

⁂

Der Filmregisseur George A. Romero, der das Bild der Zombies massgeblich geprägt hat, greift mit seinen *Living-Dead*-Filmen – von denen es mittlerweile sechs gibt – immer wieder das Denkbild der Untoten als Verkörperung tödlicher Viren auf. Wie Price in *The Last Man on Earth* liefert auch Romeros *Dawn of the Dead* eine Vision vom Ende einer Welt, wie wir sie bislang kannten. Aber auch er treibt die Mutation weiter: Seine Zombies bewegen sich zwar langsam, aber beständig. Sie verkörpern einen Tod, der unermüdlich und unaufhaltsam um sich greift. Zugleich haben sie die hybride Kraft eines Pestmonsters: Hungrig nach Menschenfleisch verzehren sie ihre Opfer. Einer ihrer Bisse reicht bereits, um die Menschen mit ihrer kannibalischen Lust anzustecken. Romeros apokalyptische Szenarien dienen zugleich unmissverständlich einer Kritik an unserer kapitalistischen Kultur. Dafür wird in seinem Meisterwerk aus dem Jahr 1978 die schillernde Bedeutungsvielfalt, die in dem Begriff des Konsumierens steckt, deutlich. Seine willenlosen Untoten sind von dem Begehren getrieben, selbst nach ihrem Tod weiterhin shoppen zu gehen. Das Aneignen von Konsumwaren und das Verzehren von Menschen erweisen sich dabei als zwei Seiten einer Medaille. Angesichts der Coronapandemie, welche die Konsequenzen unseres unersättlichen Verlangens nach Billigwaren ins Blickfeld gerückt hat, erhält diese Warnung aus der Vergangenheit eine eigenwillige Brisanz.

Neu an der Erzählformel, die Romero in Umlauf gebracht hat, ist der Fokus auf die Zeit während einer Pandemie. Die Ansteckung hat bereits um sich gegriffen, die Gesellschaft wurde aber noch nicht vollständig ausgelöscht. Die Frage nach dem Ursprung des Virus ist weniger von Interesse als die viel beängstigendere nach dem Ausgang: Wird noch rechtzeitig ein Heilmittel gefunden? Oder wird sich dieser Angriff auf die zivilisierte Welt als Endzeit erweisen? Neu ist auch eine veränderte Konstellation der Figuren: Aus vereinzelten Gestalten, die sich allein gegen die Seuchenträger zur Wehr setzen, ist eine kleine Gruppe geworden, die nun gemeinsam inmitten einer Zombieplage um ihr Überleben kämpft. Nachdem sie eine Razzia in einem Haus durchgeführt haben, in dem sich erkrankte Schwarze aufhalten, treffen die beiden Polizisten Roger und sein Partner Peter – selbst Afroamerikaner – auf Stephen und dessen schwangere Verlobte Fran. Das Paar hat für die Flucht einen Helikopter aufgetrieben. Weil ihnen bald nach Abflug der Treibstoff auszugehen droht, müssen sie in der Nähe von Cleveland auf dem Dach einer Shoppingmall landen.

Die leeren Geschäfte geben einen kuriosen *safe space* ab: Zwischen einem Gestern, als dort noch eine Schar von Lebenden ihre Freizeit verbrachte, und einem Jetzt, in dem eine Rückkehr zu dieser Normalität ungewiss bleibt. In dieser Ausnahmesituation dürfen die vier Freunde den Ort nach Lust und Laune besetzen. Sie gehen shoppen, holen sich, was sie brauchen oder immer schon begehrt haben, und richten sich im obersten Stockwerk fürstlich ein. Sie spielen Squash, fahren Rollschuh und gehen ins Restaurant, um sich dort wie Freibeuter an Kaviar und Champagner zu bedienen. Sie legen zudem ein Arsenal an Waffen und Munition an. Ein treffendes Bild für die Selbstisolation, die man in vollem Ausmass geniessen will, weil sie nur provisorisch sein kann. Auch hier zeigt sich die Vergänglichkeit als Seltenheitswert in der Zeit. Die vier Verbündeten geben sich dem Konsum hin. Der Konsumrausch ist eine Art eskapistische Gegenwehr zur überall lauernden Gefahr der Zombies, die ihrerseits ebenso konsumieren wollen – nur halt eben Menschenfleisch.

Doch die vier Freunde sind in der Mall nicht gänzlich in Sicherheit. Zwar gelingt es ihnen, die Türen zu den einzelnen Geschäften abzuriegeln, doch auf den Gängen und Rolltreppen wandeln die Untoten, die sich dort bereits vor ihrem Eintreffen eingerichtet haben. Da diese Mall im vergangenen Leben dieser Zombies bereits ein wichtiger Ort gewesen ist, hat eine Mischung aus motorischem Instinkt und Erinnerung sie dorthin zurückgetrieben. Als der Film *Dawn of the Dead* am Ende der wirtschaftlichen Rezession in den 70er-Jahren in die Kinos kam, wollte man in diesen fantastischen Gestalten eine Chiffre dafür sehen, wie die Konsumgesellschaft aus uns willenlose Zombies macht. Romero greift explizit das karibische Erbe des Zombie-Aberglaubens auf, indem er seine Kapitalismuskritik mit der Frage nach Rasse in der amerikanischen Gesellschaft verknüpft. Frank, der sich mit Voodoo-Kult auskennt, weil sein Grossvater Priester in Trinidad war, bringt dieses Gleichnis auf den Punkt. Auf Frans Frage, was diese scheusslichen Wesen eigentlich seien, antwortet er: «*They are us. That's all.*» In den Gängen der Mall herumwankend, bieten die Untoten ein Zerrbild unseres eigenen Konsumverhaltens.

Als Seuchengeschichte verstanden, lässt sich an *Dawn of the Dead* allerdings ebenfalls ablesen, wie Menschen auf Katastrophen reagieren und wie die widrigen Umstände ihre Persönlichkeit verändern. Führen die Infizierten die Wandlung von zivilisiertem Verhalten in triebhaftes Benehmen vor, löst dieses im Gegenzug eine Lust zur Destruktion bei den Überlebenden aus. Diese ungezügelte Gewalt ist – und darin liegt unter anderem der Reiz dieses Genres – gänzlich sanktioniert, da der Kampf gegen einen Feind als Notwendigkeit dargestellt wird. An der Figur von Roger wird diese Transformation zuerst erkennbar. Während des Versuchs, Lastwagen zu einer der Eingangstüren der Mall zu fahren, um diese zu blockieren, wird er übermütig. Der stets besonnene Peter versucht, ihn zu beruhigen, doch Roger ist von seiner Überlegenheit überzeugt. Er möchte lieber auf Zombiejagd gehen, als sich in Sicherheit zu bringen. Der Biss, den ihm ein Untoter zufügt, macht sichtbar, was es heisst, sich einer Virengefahr arrogant auszusetzen. Seine Gewaltlust entpuppt sich als eine Art Krankheit. Sein Freund kann zwar verhindern, dass Roger von den Zombies gänzlich verzehrt wird, aber in der Sicherheit der Ruhestätte im obersten Stockwerk wird er im Augenblick seines Todes in einen Zombie verwandelt, so wie das Wesen, das ihn angesteckt hat. Peter bleibt nichts anderes übrig, als seinem Freund treffsicher in den Kopf zu schiessen.

Eine analoge Verwandlung erlebt der zweite weisse Mann der Truppe. Nachdem eine Bande bewaffneter und plündernder Menschen in der Mall zu wüten begonnen hat, legt auch Stephen einen gefährlichen Eigensinn an den Tag. Weil sie die Ersten waren, die diesen Ort besetzt haben, ist er überzeugt, dass ihnen die ganze Beute zusteht. Er beginnt auf die Eindringlinge zu schiessen. In diesem Gemetzel wird auch er gebissen. Zum Untoten transformiert, führt er eine Schar von Zombies zu ihrem Versteck. Auch sein Verhalten hat sich angesichts der Katastrophe gewandelt. Als Zombie will er sich an seinen beiden ehemaligen Freunden rächen. Im letzten Augenblick gelingt es Fran und Peter, dem Angriff zu entkommen. Dabei erweist sich – wie schon in *Nosferatu* – die Haltung der Frau als entscheidend. Die schwangere Fran hat bereits vor der Katastrophe darauf bestanden, dass ihr der Vater ihres Kindes beibringt, wie man den Helikopter steuert. Zusammen mit Peter, der als Einziger in der Gruppe nie die Fassung verloren hat, fliegt sie in einen unsicheren Morgen, wohl wissend, dass sie noch immer wenig Treibstoff haben.

Eine ebenso ambivalente Auflösung wie am Ende von *The Last Man on Earth:* Die Kamera folgt nicht dem Hubschrauber, sondern verharrt mit den Zombies, die inzwischen die ganze Mall besetzen. Als Wiedergänger zum früheren Einkaufstrieb können sie nun ungehindert herumwandeln. Die Deutung läuft zwangsläufig auf das Zerrbild einer blinden Konsumwut hinaus, die, obgleich sie sich selbst überlebt hat, am Leben gehalten wird.

Die Welt, wie wir sie bislang kannten, mag untergehen, doch die Kultur des Kapitalismus bleibt bestehen. Heute böte wieder eine Krise die Möglichkeit, neue Wege aufzuzeigen. Wenn wir weitermachen, werden wir zu Zombies, lautet die prophetische Warnung, die George A. Romero bereits vor gut 40 Jahren formulierte. In unseren Tagträumen waren die Zombies immer ein Zerrbild von uns, so die Einschätzung des Afroamerikaners, der als einziger Mann in *Dawn of the Dead* überleben darf.

*

Auf der Kinoleinwand nimmt das tödliche Virus also die Gestalt von Vampiren, Zombies oder Mutanten an, um Menschen zu infizieren und diese so in Untote zu verwandeln. Wie das Virus, das in neuer Gestalt immer wiederkommt, hat sich auch diese Filmgattung als medialer Wiedergänger entpuppt, der von einer Epoche in die nächste wandert und sich so immer weiter ausbreitet. Lässt *Nosferatu* sich als cineastischer Indexpatient in der medialen Verbreitung des Vampirfilms ausmachen, findet mit jeder Wiederbelebung der Gattung auch eine Mutation des Narrativs statt. Wie das Virus selbst setzt auch dieses Filmgenre auf Proliferation. Aus dem traurigen transsilvanischen Vampir wird in *The Last Man on Earth* nicht nur eine Schar von Untoten, sondern auch eine Bande Mutanten, die sowohl die Zombies als auch den letzten überlebenden Menschen überwältigen. In *Dawn of the Dead* haben sich die Zombies exponentiell vermehrt und befinden sich am Ende des Drehbuchs überall in der Mall sowie auf dem Dach. Entscheidend für die nachhaltige Ausbreitung der Gattung ist aber auch die Mutation der Geschichte, die an den Heldinnen vorgeführt wird. Diese narrativen Veränderungen führen von der treuen Gattin Ellen, die selbstlos den eigenen Tod wählt, zu der infizierten Ruth, an der die Genesung ihrer ganzen Spezies hängen könnte. Die resiliente Fran, die den Helikopter allein steuert, bietet eine letzte narrative Umwandlung. Das mediale Virus steckt auch die Zuschauerinnen und Zuschauer an. Auch wir shoppten in der Zeit des Lockdowns im Internet unersättlich Zombiefilme, um uns vor der Gefahr, die in der Welt ausserhalb unserer sicheren Wände lauerte, zurückzuziehen. In Zombies des Aberglaubens verwandelt, können wir die Angst, die wir in der Wirklichkeit nicht verorten können, ungeniert konsumieren.

Aber nicht nur Filmemacher greifen auf das Fantastische zurück, um ein sinnstiftendes Narrativ für den Ausbruch einer Viruserkrankung zu finden. Am 18. Mai 2011 veröffentlichte das amerikanische Centers for Disease Control and Prevention (CDC) eine Graphic Novel mit dem Titel *Preparedness 101: Zombie Apocalypse*. Die darin enthaltenen Ratschläge, wie eine Invasion der Untoten zu überleben sei, sind gezielt didaktisch aufbereitet. Es gilt auf innovative und zugleich humorvolle Weise, die Leserschaft über die Wichtigkeit der Notfallvorsorge zu unterrichten. Bewusst wird dabei auf das kulturelle Nachleben der Zombiefilme zurückgegriffen. Wie das Kino ratet auch das CDC in der Realität, im Fall einer Katastrophe genügend Lebensmittel, Medizin, Wasser und andere lebensnotwendigen Güter zu Hause vorrätig zu haben. Die Weisung erinnert an den gut ausgerüsteten Luftschutzkeller, der bei atomaren Katastrophen aufzusuchen ist.

Bei Ausbruch des neuen Coronavirus im Frühling 2020 gab es allerdings noch andere Alternativen als einen Bunker, um sich von der Aussenwelt abzuschotten. Einige prominente Millionäre sind vor dem Lockdown auf ihre Jachten geflohen, um an entlegenen Orten eine luxuriöse Selbstisolation zu geniessen. Ein britischer Jachtmakler hat sogar damit geworben, an Bord könnten die Kinder weiterhin Schulunterricht geniessen; der Küchenchef bietet Kochkurse an, und die Besatzung im Maschinenraum erklärt die Technologie der Schifffahrt. Um diese Fantasie besser einordnen zu können, hilft es, das Schiff als Heterotopie par excellence zu begreifen: Eine tatsächlich realisierte Utopie, in der die wirklichen Orte innerhalb der Kultur gleichzeitig repräsentiert, bestritten und gewendet sind, gewissermassen Orte ausserhalb aller Orte, wie sie wohl tatsächlich geortet werden können. Schwärmerisch stellt der Historiker Michel Foucault sich das Schiff als einen schaukelnden Ort ohne Ort vor, «der aus sich selber lebt, der in sich geschlossen ist und gleichzeitig dem Unendlichen des Meeres ausgeliefert ist». Von Hafen zu Hafen fahrend, ist das Schiff «nicht nur das grösste Instrument der wirtschaftlichen Entwicklung gewesen», so seine Schlussfolgerung, «sondern auch das grösste Imaginationsarsenal.»

In Zeiten von Covid-19 erfuhr man aus der Berichterstattung bald schon über die dystopische Kehrseite dieser auf hoher See schaukelnden Heterotopie. Neben dem Wildtiermarkt in Wuhan waren die ersten Bilder, die uns vor dem neuen Virus warnten, die der glücklosen Passagiere auf der «Grand Princess». Was als luxuriöser Urlaub geplant war, wurde schlagartig zum Albtraum. Mindestens 21 Menschen waren positiv getestet worden, zwei Passagiere und ein Besatzungsmitglied sind gestorben. Weil in Kalifornien die Pandemie bereits ausgebrochen war, wollte die Hafenbehörde von San Francisco dem Kreuzfahrtschiff keine Erlaubnis erteilen, um im Hafen der Stadt anzulegen. Tagelang musste das Schiff zehn Meilen von der Küste entfernt seine Kreise ziehen, während 2400 Passagiere in den Nachrichten den politischen Streit um ihr eigenes Schicksal mitverfolgen konnten. Als sie endlich in Oakland an Land gehen durften, wurden sie von den Einwohnern der Hafenstadt wie Aussätzige behandelt – ein Bild, das an die Ratten aus *Nosferatu* erinnert, als dieser die «Empusa» verlässt. Zudem wurden Passagiere und Besatzung sofort in Militärquarantäne geschickt.

Im Nachhinein muss man sagen: Sie sind noch glimpflich davongekommen. Nach der «Grand Princess» durfte eine ganze Flotte an Kreuzfahrtschiffen nirgends mehr anlegen. Sie alle waren verdammt, ziellos herumzufahren, ohne einen sicheren Hafen in Sicht. Am 30. April 2020 meldete der GUARDIAN, obwohl die meisten Passagiere längst an Land und sowohl die Toten als auch die Erkrankten evakuiert worden waren, seien noch immer mehr als 100 000 Besatzungsmitglieder auf fünfzig Luxusdampfern gefangen. Als sich das Virus auszubreiten begonnen hat, waren diese Kreuzfahrtschiffe alle auf hoher See, und als die Zahl der Erkrankten stieg, wurden sie von einem Hafen nach dem anderen abgewiesen. Eine gespenstische Armada von treibenden Schiffbrüchigen hat sich von den Galapagosinseln bis zum Hafen von Dubai gebildet. Reiseverbot, Flugbeschränkungen sowie die Grenzschliessung der

Herkunftsländer verunmöglichten es ihnen, in ihre Heimat zurückzukehren. Mit begrenzter medizinischer Versorgung sind sie der Krankheit, teilweise aber einfach nur einer furchtbaren Langeweile ausgesetzt.

Wie die leere Shoppingmall in *Dawn of the Dead* sind auch diese Kreuzfahrtschiffe zu einer Krisenheterotopie geworden, welche die toxische Kehrseite einer von der Tourismusindustrie geschürten globalen Wanderlust sichtbar macht.

Swimmingpools, Golf- und Tennisplätze, Bars und Sternerestaurants, Friseursalons und Boutiquen auf diesen Kreuzfahrtschiffen sind inzwischen alle leer. Herrenlose Schiffe bieten – wenn auch unfreiwillig – eine entlarvende Aushöhlung des Luxus, den so viele Reisewütige konsumieren wollten. Was die zurückgelassene Besatzung betrifft, durfte sich diese zu Beginn – ähnlich wie die vier Freunde in *Dawn of the Dead* – an Bord frei bewegen. Sie konnte sich nun dort aufhalten und entspannen, wo vorher die Gäste gewesen waren, und geniessen, was in den Vorratskammern gelagert war. Als Kompensation hat man ihnen zudem die verlassenen Gästekabinen überlassen. Aufgrund von Präventivmassnahmen durften sie ihren beschränkten Wohnraum jedoch bald schon nur noch für die Mahlzeiten verlassen, die zudem mit jedem Tag frugaler ausfielen: Salat, Reis, Kartoffeln.

Auch die auf ihren Kreuzfahrtschiffen gestrandeten Menschen sind eingefangen zwischen einem Gestern, als sie dort noch einen lukrativen Job hatten, und dem Morgen, an dem sie endlich an Land gehen dürfen. Weil sie auf hoher See kreisen müssen, gehören sie weder zu denjenigen, die sich an Land im Alltag der Pandemie zurechtgefunden haben, noch zu den längst evakuierten Toten. Auch für diese über die ganzen Weltmeere verteilte herrenlose Flotte gibt es ein Vorbild aus der frühen Neuzeit: die Legende des Fliegenden Holländers. Der

Ursprung dieser Geschichte ist nicht bekannt; sie ist als mündliche Überlieferung von Seefahrern über Jahrhunderte weitergetragen worden. Wie der Vampir Nosferatu hat auch dieser glücklose Kapitän, ein Niederländer des frühen 17. Jahrhunderts, durch sein eigenes Verschulden den Fluch des ewigen Überlebens auf sich geladen. Bis zum Tag des Jüngsten Gerichts muss er, so besagt es die Legende, mit seinem Geisterschiff auf dem Meer herumfahren. Das Selbstopfer einer schuldlosen Frau kommt auch hier als Motiv zu tragen: Alle paar Jahre darf dieser lebende Tote an Land. Wenn er dort eine Frau findet, die ihn aufrichtig und treu liebt, wird er erlöst. Somit erscheint auch er als Verkörperung einer tödlichen Ansteckung: Infiziert er sie nämlich mit seiner traurigen Geschichte, bedeutet dies nicht nur seinen, sondern eben auch ihren Tod. Hat man sich erst einmal auf diese unheimlichen Träume eingelassen, ist dem Schatten, den sie werfen, nicht zu entkommen. Sich darauf einzulassen, bereitet jedoch grossen Genuss.

LITERARISCHE AUSZEIT: DAMALS UND HEUTE

Angesichts des neuen Coronavirus fällt der Blick zurück auf frühere Epidemien und erfährt manchmal auch einen bemerkenswerten Perspektivenwechsel. Nicht die Plausibilität der Wiederholung der Pest oder der Spanischen Grippe rückt in den Fokus, sondern dass sich eine Pandemie tatsächlich in unserer Gegenwart ereignet hat. Wie stark der Wunsch ist, sich die Vergangenheit anzueignen, um sich zu vergewissern, dass dort eine ähnliche Katastrophe bereits überwunden wurde, zeigt eine kuriose Anekdote aus unserem digitalen Zeitalter. Am 13. März 2020 veröffentlicht der Autor Nick Farriella auf der vom Literaten David Eggers gegründeten Onlineplattform MCSWEENEY's eine schwarz-weisse Fotografie von Fitzgerald und einen Text mit dem Titel «*This Side of Paradise: A Letter from F. Scott Fitzgerald, Quarantined in the South of France*»:

«Liebste Rosemary, heute war ein trostloser Tag. Er hing wie an einem Korb von einem dumpfen Stern herab. Ich danke dir für deinen Brief. Draussen türmt sich neben dem Abfalleimer ein Berg abgefallener Blätter. Es klingt wie Jazzmusik in meinen Ohren. So leer sind die Strassen. Als hätten sich fast alle Menschen dieser Stadt in ihre Quartiere zurückgezogen. Richtig so. Zum jetzigen Zeitpunkt erscheint es sehr klug, öffentliche Orte zu meiden. Sogar Bars – wie ich bereits Hemingway zu erklären versuchte, dieser aber kniff mich empört in den Bauch. Daraufhin fragte ich ihn, ob er seine Hände denn gewaschen hätte. Er verneinte. Der gehört, wie viele andere auch, zu den Verleugnern. Stell dir vor, er denkt, das Virus sei lediglich eine Art Grippe. Mich würde interessieren, woher er diese Gewissheit nimmt. Die Behörden haben uns doch laut und deutlich empfohlen, genug Proviant für einen Monat zu Haus zu lagern. Zelda und ich haben uns mit Rotwein, Whiskey, Rum, Wermut, Absinthe, Weisswein, Sherry und Gin ausgerüstet, und – Gott bewahre uns – auch Cognac. Bete bitte für uns. Du solltest unseren Platz sehen, oh wie sieht er schrecklich leer aus. Ich weine um all die verdammten Möglichkeiten, welche die Zukunft bereithält. Die langen Nachmittage verstreichen nur langsam, wie eine schwere Kugel, die sich vorwärtsschiebt. Z. meint, es gäbe keinen Grund zum Trinken, aber ich muss meine Hände beschäftigen. Von meinem Aussichtspunkt aus sehe ich in der Ferne die Küste, in dumpfen Nebel gehüllt. Ich erkenne eine unermüdliche Gefahr, die schon seit Längerem auf uns zusteuert. Trotz der vielen gebrochenen Wolkenlinien am Abendhimmel richtet sich meine gesamte Aufmerksamkeit auf einen einzigen Lichtstrahl, der mich hoffen und an einen besseren Morgen glauben lässt.»

Innert Stunden verbreitet sich dieser Brief in den sozialen Medien viral, allerdings – und dies war der Knackpunkt – ohne Überschrift. Fünf Tage später war er bereits 2800-mal auf Facebook und 1355-mal auf Twitter geteilt worden. Einmal mehr wird eine Parallele zwischen der körperlichen Verbreitung des Virus und der medialen Verbreitung jener Denkbilder deutlich, mit denen wir die aktuelle Situation zu verstehen versuchen. Entscheidend ist nämlich, dass bei der Weiterleitung behauptet wurde, es handle sich um einen originalen Brief des Schriftstellers F. Scott Fitzgerald, den er im Jahr 1920 während der Spanischen Grippe im Süden Frankreichs in Quarantäne schrieb. Weggelassen wurde der eigentliche Titel *This Side of Paradise,* der eine direkte Anspielung auf die halb autobiografische Darstellung seiner Studentenzeit in Princeton ist. Mit diesem Roman schaffte Fitzgerald im gleichen Jahr den Durchbruch und wurde schlagartig berühmt. Der Brief aus dem Internet begann gleich mit der Anrede «Liebste Rosemary». Ebenso wurde der Text ohne den Hinweis weitergeleitet: «Dies ist eine Parodie und kein Originaldokument, das Fitzgerald tatsächlich verfasst hat.» Nick Farriella erklärt später der Nachrichtenagentur Reuters: «Ich stelle mir vor, wie die Menschen auf die optimistische Stimmung der Botschaft reagiert haben. In diesen scheinbar dunklen Zeiten lösen sich die Grenzen zwischen wahr und unwahr auf. Das Bedürfnis nach Hoffnung scheint grösser zu sein als jenes nach Wahrheit. Ich glaube, das ist auch der Kern von Fitzgeralds Leben und seinem Werk – ein unerschütterliches Vertrauen in eine bessere Zeit, die erst noch kommen wird.»

Auch ich bin darauf reingefallen, obwohl ich es besser hätte wissen können, denn im Jahr 1920 war Fitzgerald nicht in Europa. Im Frühjahr hatte er seine Braut, Zelda Sayre, wegen des finanziellen Erfolgs, der ihm *This Side of Paradise* bescherte, endlich heiraten können. Beide wurden von der New Yorker Literaturszene gefeiert und waren bekannt für ihren exzessiven Alkoholkonsum und ihr überschwängliches Benehmen. Was mich ebenfalls hätte stutzig machen sollen, ist der Name der vermeintlichen Empfängerin des Briefs: Rosemary Hoyt heisst der Hollywoodstar, der sich in Fitzgeralds letztem Roman *Tender is the Night* während eines Aufenthalts in Südfrankreich in den Alkoholiker Dick Diver verliebt.

Doch wie die vielen anderen, die den Brief online weitergeleitet haben, wollte auch ich dieses Dokument als eine tröstende Botschaft aus der Vergangenheit lesen. Der Hinweis eines Freunds, dass es sich dabei um eine Fälschung handelt (auch er hat den Brief zugeschickt bekommen), verdeutlicht mir zwei Dinge: Im Zuge einer viralen Verbreitung im Internet, welche einen Text von seinem ursprünglichen Erscheinungsort oder seiner Quelle loslöst – in diesem Fall von einer satirischen Internetplattform –, kann eine Parodie Authentizität erhalten. Als frei flottierendes Simulacrum infiziert es das Denken und befriedigt die Wünsche der Rezipienten. Die Vergangenheit erfährt durch die Sprache der Gegenwart eine Wiederbelebung. Eine Vorstellung davon, wie das letzte Jahr der Spanischen Grippe ausgesehen haben könnte, wird den Sprachbildern unserer Jetztzeit angeglichen: Alle öffentlichen Orte vermeiden, Hände immerfort waschen, Lebensmittel für einen Monat im Haus vorrätig haben. Was aber passiert bei einer solchen Übertragung? Wir wollen uns in der Vergangenheit spiegeln und diese auf uns beziehen, sie nochmals erleben. Wir wollen uns in diesem Frühling vor genau 100 Jahren wiedererkennen. Wir wollen uns in das Material der vergangenen Zeit einschreiben. Auch wenn wir dafür das Archiv durch einen Brief, den es nie gegeben hat, ergänzen müssen. Dieser Brief wird so zur Projektionsfläche im doppelten Sinne: Als Leinwand für unsere Fantasie und als mögliche Zukunftsprognose. Auf diese Weise können wir in der Gegenwart an eine bessere Zukunft glauben.

*

Dieser Pastiche eines Briefs, den F. Scott Fitzgerald angesichts der Spanischen Grippe hätte schreiben können, passt Ereignisse aus der Vergangenheit unserer Gegenwart an. Welche

Erkenntnisse können aus dem Archiv der Pandemieliteratur gezogen werden? Kann das Unbehagen, das wir heute verspüren, durch die Folie vorgängiger Erzählentwürfe abgeschwächt werden? Wie der Philosoph Hans Blumenberg festhält: «Geschichten werden erzählt, um etwas zu vertreiben. Im harmlosesten, aber nicht unwichtigsten Fall: die Zeit. Sonst und schwerer wiegend: die Furcht.» In Giovanni Boccaccios *Il Decamerone* trifft beides zu. Zu Beginn erklärt der Erzähler, Anlass für diese Novellensammlung sei es, mit anmutigen und verwickelten Liebesgeschichten Rat zu geben und zugleich zu unterhalten. Es sei eine menschliche Pflicht, mit den Unglücklichen Mitleid zu haben. Deshalb wählt er als Rahmung seine eigene Erinnerung an die verheerende Pest, die im Frühling 1348 die Stadt Florenz heimsuchte. Entscheidend ist der Kontrast. In der Einleitung erklärt Boccaccio: Die Lust, welche die Liebesgeschichten, die die Binnenerzählung dieses Buchs ausmachen, verbreiten, würden für die Leserinnen umso grösser sein, weil diese Freude durch die widrige Schilderung einer Seuche eingeführt wird.

Als Botschafterin für den Zorn Gottes wegen lasterhafter Handlungen soll die Pest einige Jahre zuvor im Orient ausgebrochen sein. Wie so oft in Pandemiegeschichten liegt der Ursprung der Seuchen in einer exotischen Fremde, von wo aus sie unaufhaltsam von Ort zu Ort zieht. In Florenz angekommen, haben sich die Symptome bereits verändert. Nicht das Blut, das einem Infizierten aus der Nase fliesst, sondern die Pestbeulen, die sich über den ganzen Körper verteilen, sind Anzeichen einer Erkrankung. Betroffene sterben innerhalb von drei Tagen. Besondere Furcht löst zudem der Umstand aus, dass dieser Pestausbruch grundsätzlich den Kontakt zwischen Menschen tangiert. Nicht bloss durch den Umgang mit Kranken werden Gesunde angesteckt: Selbst die Berührung mit Kleidungsstücken und Gegenständen, welche diese vorher in den Händen hielten, kann eine Übertragung verursachen. Zusammen mit dem Bakterium verbreitet sich dann auch die Hartherzigkeit. In einigen Fällen erfolgt der Tod, weil Nachbarn, Verwandte und Freunde die Infizierten im Stich lassen. Hätte man sich um sie gekümmert, wären sie vielleicht noch am Leben. Vor allem in den unteren Schichten, in denen täglich Tausende angesteckt werden, weil sie in dichter Nachbarschaft wohnen, hat diese Selbstsucht verheerende Konsequenzen. Weil sie keinerlei Beistand erhalten, sterben sie massenhaft, ohne jede Hilfe, meist komplett vereinsamt. Ernüchternd hält der Erzähler fest, das Übermass des Unglücks mache auch gewöhnliche Menschen gleichgültig, sodass sich irgendwann niemand mehr um die toten Menschen kümmerte. Die leeren Häuser und Paläste; der Geruch der Verwesung auf der Strasse; die Leichenberge, die toten Körper, die auf Bahren zu grossen Gruben getragen werden, weil es auf den Friedhöfen keinen Platz mehr für sie gibt: All das wird kaum noch beachtet.

Boccaccios Urteil fällt entsprechend vernichtend aus. Dass mehr als 100 000 Florentinerinnen und Florentiner damals gestorben sind, ist nicht allein einer göttlichen Bestrafung geschuldet, sondern vor allem der Grausamkeit der Menschen. Bei den wohlhabenderen Einwohnern der Stadt zeichnen sich nämlich vier unterschiedliche Haltungen ab. Was alle diese Überlebensstrategien allerdings gemein haben, ist die Verweigerung der Gesunden, sich um die Bedürfnisse der Kranken zu kümmern. Die einen ziehen sich zurück und schliessen sich in ihren Häusern ein, damit sie ausschliesslich untereinander Kontakt haben. Zwar gilt es, einen gemässigten Lebensstil zu pflegen, doch in Anbetracht des Massensterbens draussen wollen sie sich isolieren und ablenken. Andere geben sich der Wollust hin, ziehen von einer Schenke zur nächsten und bedienen sich am Proviant, den sie in verlassenen Häusern vorfinden. Einen Mittelweg schlagen jene ein, die ihren Appetit auf Unterhaltung befriedigen möchten. Sie gehen zwar auf die Strasse, halten aber wohlriechende Kräuter unter ihre Nasen, zum Schutz gegen die Ausdünstungen der Erkrankten und gegen den Leichengeruch, der in der Luft hängt. Doch es gibt noch eine vierte Strategie, von der Boccaccio schreibt, sie sei zwar grausam, aber das wirkungsvollste Mittel gegen die Pest. Ohne sich um irgendjemanden ausser sich selbst zu kümmern, fliehen diejenigen, die es sich leisten können, aus der Stadt.

Zu ebendieser Gruppe gehören die jungen Edelleute – sechs Frauen und drei Männer –, die in der Binnengeschichte des *Decamerone* für zwei Wochen Florenz verlassen und sich mit ihren Bediensteten auf ihre Landgüter begeben. Ihre Flucht aus der Stadt begründen sie damit, dass sie auf der Strasse entweder Toten, Kranken, Kriminellen oder Totenwächtern ausgesetzt sind. Wo immer sie hinkommen, müssen sie vernehmen, wer bereits gestorben ist. Wenn jeder Mensch um sein eigenes Leben fürchten muss, ist es nur vernünftig, dieses Leben so gut wie möglich zu schützen und zu verteidigen – so die eigennützige Schlussfolgerung der jungen Leute. Sicherheit versprechen sie sich davon, dass sie stets in Bewegung bleiben wollen. Ihr Ziel ist es, nicht auf einem einzigen Landsitz zu verweilen, sondern als geschlossene Gruppe von einem zum anderen zu ziehen. Die heissen Mittagsstunden verbringen sie damit, sich gegenseitig Liebesgeschichten zu erzählen, um sich nach Sonnenuntergang anderen Vergnügen hinzugeben. Mit dem Erzählen möchten sie also nicht nur die Zeit vertreiben, sondern auch von jenen Gräueln ablenken, denen sie zu entrinnen hoffen.

Für dieses Gemeinschaftsprojekt bietet die Pest im doppelten Sinne den Hintergrund. Sie ist die Voraussetzung dafür, dass überhaupt erzählt wird. Sie hat jene Auszeit hervorgerufen, in der man sich dank der Einbildungskraft an andere Orte, in andere Lebenssituationen begeben kann. Zugleich stellt sie für die jungen Leute, welche die Auswirkungen der Seuche auf den Strassen von Florenz mit ihren eigenen Augen gesehen haben, den Kontrast zu den Irrungen und Wirrungen der fiktionalen Liebesgeschichten dar, in denen die Pest allerdings überhaupt keine Rolle spielt. Die Fröhlichkeit, die sich durch das gemeinsame Erzählen in der Gruppe einstellt, ist zwar vom Fürchterlichen, das sie vorher erfahren haben, geprägt. Allerdings zeigt sich diese Prägung nicht nur im erhöhten Lustgewinn, den ihnen diese Geschichten gegenseitig bereiten, sondern es handelt sich dabei auch um Deckgeschichten, die ein willentliches Wegsehen erlauben. Vertrieben wird mit dieser Methode also auch – so die implizite Kritik Boccaccios – die eigene Verantwortung. Geflohen sind sie nämlich vorwiegend vor der Pflicht, den unglücklichen Erkrankten gegenüber ihr Mitleid zu zeigen. Dass sie vierzehn Tage später wieder nach Florenz zurückkehren, ist keiner Reue geschuldet. Sie haben vielmehr die Befürchtung, dass sich ihre exklusive Gesellschaft, die inzwischen bekannt geworden ist, auf eine Art vermehren könnte, die ihr isoliertes Wohlbehagen beeinträchtigen würde. In der noch immer von der Pest heimgesuchten Stadt trennen sie sich schliesslich. Die Männer wenden sich ihren sonstigen Vergnügungen zu, die jungen Frauen kehren in ihre Wohnungen zurück. Die Novellensammlung, die ein Jahr später erscheint, wird den Leidensgenossinnen gewidmet, die trotz dem Ende der Pest aus Vorschriften der Sitte ihre Wohnungen auch weiterhin nicht unbegleitet verlassen dürfen. Ihnen dienen die Geschichten nun dazu, sich die Zeit zu vertreiben. Denn mit der Seuche ist auch die Furcht aus Florenz verschwunden – und mit ihr die Notwendigkeit, erbauliche Geschichten zu erzählen.

*

Boccaccio bietet mit seinem *Decamerone* eine Vorlage, die von vielen späteren literarischen Verarbeitungen von Epidemien adaptiert wurde. Boccaccio erzählt dezidiert im Rückblick und setzt auf seine persönliche Erfahrung einer realen Seuchenwelle, die im Jahr zuvor seine Heimatstadt heimsuchte, während die damaligen Leserinnen seines Zehn-Tage-Werks allerdings einen Wissensvorsprung hatten. Bekannt war ihnen – wie auch uns, die wir heute wieder zu dieser Novellensammlung greifen –, wie lange die Pest in Florenz wütete, sowie das Ausmass an Zerstörung. Boccaccio warnt in seiner Einleitung, dass nicht alle, die aus der Stadt geflohen waren, am Leben geblieben sind. Der Schutz, den diese Flucht in die Welt der Literatur seinen jungen Adelsleuten geboten hatte, entpuppt sich somit als Entlastungsgeschichte. Während die Geschichtenerzählerinnen und -erzähler auf dem Land in ihrem Mitgefühl für die Irrungen und Wirrungen der romantischen Figuren aufgingen, hätten sie ebenso gut selbst sterben können. Die heissen Stunden des Tages mit dem Erzählen zu überbrücken, steht somit auch für ein glückliches Suspendieren der Pestzeit, wie es nur in der Literatur möglich ist, denn nur dort kann sie vom Ende her gedacht werden. Erst im Nachhinein kann man wissen, wer überleben wird. Im Falle dieser fiktionalen Auszeitgemeinschaft sind es alle, die sich mit Geschichten die Zeit sowie die Furcht vertrieben haben.

Auch der englische Puritaner Daniel Defoe erzählt in seinem *Journal of the Plague Year* rückblickend – und auch er vermischt dabei Berichterstattung mit Fiktion. Wie aus dem

Untertitel des Romans hervorgeht, handelt es sich dabei um die Beobachtungen und Erinnerungen an die bemerkenswerten Ereignisse, die «in London während der vorigen grossen Heimsuchung im Jahr 1665 stattgefunden haben». Um die Authentizität zu unterstreichen, die ein um sich greifender Tod einem Erzähler verleiht, wird im Untertitel ferner behauptet, dieses Tagebuch sei «geschrieben von einem Bürger, der die ganze Zeit in London verbrachte. Noch nie vorher öffentlich gemacht». Angekündigt wird somit eine doppelte Zeit. Auch wenn der Untertitel vorgibt, es handle sich um den Bericht eines Sattlers, der bei der Pest in London zugegen war, hat Daniel Defoe diesen erst im Jahr 1722 verfasst. Er hatte zudem die Pest vor Augen, die in den beiden vorhergehenden Jahren in Marseille wütete. Defoe will seinen Roman also nicht als fiktionale Verarbeitung einer realen Epidemie verstanden haben, sondern als fingierten Zeugenbericht, um dessen Ausgang wir Bescheid wissen. Die Pest, über deren Alltagsgesicht sein imaginiertes Alter Ego berichtet, hat nur ein Jahr angehalten.

Genau kann der Erzähler nicht festmachen, wo diese Seuche ihren Ursprung nahm, ob in Italien, in der Levante oder auf Zypern, nur, dass sie durch Handelsschiffe zuerst in die Niederlande eingeführt wurde und sich von dort langsam verbreitete. Als sie in einem Aussenbezirk von London ankommt, ist die Entscheidung, die er fällt, ganz in seinem puritanischen Denken verhaftet. Es wäre seine Pflicht, sein Leben vor dem Unheil zu schützen, welches die ganze Stadt zu befallen droht. Es ist aber seine Berufung, das Geschäft, in dem sein gesamtes Vermögen steckt, weiterzuführen. Nicht nur der gesamte Hof, auch viele Bürgersleute fliehen bereits im Sommer aufs Land; er aber entscheidet sich dagegen und beginnt stattdessen aufzuschreiben, wie sich das Verhalten derer, die mit ihm in London geblieben sind, den neuen Umständen anpasst.

Von Enttäuschungen überwältigt, suchen viele nicht nur Trost in den apokalyptischen Visionen, welche die Priester in ihren furchteinflössenden Predigten als Ausdruck des Zorns Gottes heraufbeschwören. Auch Quacksalber und Hochstapler nutzen die Leichtgläubigkeit der verwirrten Bevölkerung, um ihnen falsche Schutzmittel anzudrehen. Als aufrechter Bürger hingegen lobt der Erzähler immerfort die Besonnenheit der Friedensrichter. Um dafür zu sorgen, dass die Ordnung erhalten bleibt, aber auch, dass Proviant für alle Einwohner da ist, bestimmt der Magistrat per Dekret, wer die Stadt nicht verlassen darf: die Polizei, die Kirchenältesten und die Bäcker, die täglich ihr Brot backen müssen. Weitaus weniger Verständnis hat der Erzähler für einen Vorläufer dessen, was wir heute erzwungene Quarantäne nennen. Häuser, in denen man einen Erkrankten entdeckt hat, werden radikal abgeschlossen, das traute Heim gerät zum Gefängnis. Viele, die sonst vielleicht ruhig in ihren Betten gestorben wären, brechen aus Verzweiflung aus und tragen die Infektion mit sich in die Stadt hinaus.

Die Zeugenschaft des Sattlers im Krisengebiet autorisiert zwei Deutungsversuche der Seuche, die der Text auszutarieren versucht: Einerseits versteht sein berichterstattender Erzähler die Epidemie als eine «Jahreszeit göttlicher Vergeltung». Was allerdings die Verbreitung der Krankheit betrifft, rückt er das konkrete menschliche Versagen ins Blickfeld und hält an einer Stelle fest: «Nichts ist so fatal für die Einwohner gewesen wie die träge Fahrlässigkeit der Menschen selber.» Sie waren ausreichend vorgewarnt gewesen, dass die Pest nach London kommen würde, haben es aber versäumt, genug Vorräte anzulegen, um in der Sicherheit ihres eigenen Hauses zurückgezogen diese Katastrophe auszusitzen. Wie diejenigen, die aus den abgeriegelten Häusern ausbrechen, helfen auch diejenigen, die auf der Suche nach Proviant das Haus verlassen, die Krankheit zu verbreiten. Bestraft wird also nicht nur die Sittenlosigkeit der Londoner vor der Krisenzeit, sondern auch der Hochmut derjenigen, die sich für unverwundbar hielten und deshalb nicht auf einen Ernstfall vorbereitet waren.

Weil Defoe zudem an der moralischen Bildung seiner Leserinnen und Leser gelegen ist, braucht er einen Zeitzeugen, der seine Schuld einzusehen bereit ist. Sein Sattler gibt zu, auch er gehöre zu den Achtlosen, die gezwungen waren, trotz der dort herrschenden Ansteckungsgefahr auf die Strasse zu gehen. Allerdings konnte er auch nur deshalb überhaupt zum Zeitzeugen werden. Zugleich hilft dem Sattler seine puritanische Vorstellung von Selbstverantwortung, zu erkennen, wie sehr die fragwürdige Haltung seiner Mitmenschen zu ihrer Vernichtung beigetragen hat. Selbstzufrieden wähnten einige sich auch dann noch in Sicherheit, als die Pest bereits am anderen Ende der Stadt wütete. Sie waren umso weniger auf den Notstand vorbereitet, als er schliesslich auch bei ihnen eintraf. Heute wirkt nicht nur die Kritik an der Gedankenlosigkeit der Londoner Bevölkerung wieder zeitgemäss, sondern auch die Klassenfrage, die Defoe in den Vordergrund rückt. Alle, die Freunde oder Güter auf dem Land hatten, konnten die Stadt verlassen. Die Armen aber mussten nicht nur bleiben, sie hatten auch keine Möglichkeit, sich an Schutzmassnahmen zu halten. Auf diese Weise breitete sich die Pest vornehmlich in ihren Quartieren aus. Weil der gesamte Handel lahmgelegt worden ist, sind sie zudem komplett auf Almosen angewiesen. So sind es die Armen, die der Erzähler sterbend auf der Strasse vorfindet. Sie sind es, die aus Not jede Arbeit anzunehmen bereit sind; sei es als Wächter, Krankenschwester oder Totengräber. Das bedeutete schon damals, der Krankheit noch direkter ausgesetzt zu sein.

Obgleich Defoe durchwegs an der Denkfigur festhält, die Pest sei der Bote einer göttlichen Vergeltung, unterstreicht er immer wieder auch die Frage der menschlichen Verantwortung. Die Armen sind oft nicht an der Infektion selbst gestorben, sondern an deren Konsequenzen: Hunger, Verzweiflung und dem Mangel an allem, was man zum Überleben braucht. Sie waren ohne Unterkunft, ohne Geld, ohne Freunde, selbst ohne die Möglichkeit, an Brot zu kommen. Dem Erzähler ist somit durchwegs ebenso daran gelegen, die Aufmerksamkeit auf das menschliche Versagen zu lenken, das diese Katastrophe ermöglicht hat, sowie die Seuche einer göttlichen Hand zuzuschreiben. Im Ausbruch der Pest will er einen «lauten Ruf nach Demut und Reue» erkennen; zugleich beharrt er aber darauf, natürliche Mittel hätten das Massensterben in London verursacht und vermehrt. Die eine Deutung schliesst die andere nicht aus, ist doch die Heimsuchung der Pest für Defoe nicht minder ein Urteilsspruch, wenn ihre Verbreitung auf menschliche Ursachen und Wirkungen zurückgeführt werden kann. Im Gegenteil, die geheime Übertragung der Infektion, sowohl unmerklich wie auch unvermeidlich, hat sich selbst als ausreichend erwiesen, um «die Heftigkeit einer göttlichen Rache zu vollstrecken».

Man könnte es tragische Ironie nennen: Die Menschen haben ihre Bestrafung selbst gefördert. Die Pest als Ausdruck des Übernatürlichen oder als Wunder zu verklären, käme hingegen einer Entlastungsgeste gleich, die Defoe verweigert. So lässt er seinen Sattler den Entwicklungspfad dieser Krankheit nachträglich aufzeichnen – und eben darin nimmt er die Sicht der zeitgenössischen Epidemiologen vorweg –, um darauf zu beharren, der Ausbruch der Pest sei auf einen gewöhnlichen Handelsablauf zurückzuführen. Pakete mit Seide, aus der Levante in die Niederlande eingeführt, werden in

Covent Garden zum ersten Mal geöffnet. Von dort aus setzt die Infektion ihren Gang fort, von einem Menschen zum nächsten, von einem Haus zum nächsten, über den Atem, den Schweiss und die Kleidung derer, die mit ihr in Berührung kamen. Was diese Spurensicherung Defoe erlaubt, ist, die Bewohner Londons in Mitverantwortung zu ziehen. Sichtbar wird, dass aus Unwissenheit, Inkompetenz oder Eigennutz Fälle nicht früh genug öffentlich gemacht werden. Betrug bei den Pfarrgemeinden führte dazu, dass die Buchführung der Toten nicht stimmte. Manchmal wurde am Anfang der Epidemie die Todesursache von Erkrankten nicht korrekt diagnostiziert, manchmal wurden die Toten nicht gemeldet, weil ihre Familienangehörigen die Schliessung des Hauses befürchten mussten.

Defoes Weigerung, seiner Pestgeschichte eine tröstende Sinnlösung abzugewinnen, zeigt sich auch in seiner ernüchternden Einschätzung der fehlenden Nachwirkung, die diese schreckliche Heimsuchung auf seine Mitmenschen hatte. Er hätte sich gewünscht, dass in Erinnerung an die vergangene Katastrophe ihr Verhalten sich mehr durch Mitleid und Güte auszeichnete. Stattdessen sind nach dem Ende der Seuche die Moralvorstellungen sogar degeneriert, waren viele doch durch die Gefahr in ihrer Selbstsucht verhärtet. Mit dem Abzug der Pest kehren Streit und Konflikt, Verleumdung und Vorwürfe nach London zurück, also alle ehemaligen Animositäten, die Defoe überhaupt als Auslöser für den göttlichen Zorn verstanden haben wollte. Die Warnung, die er für seine Mitmenschen damals hatte, bleibt trotz der religiösen Färbung relevant: Es ist ebenso verantwortungslos, die Zeichen einer kommenden Epidemie zu ignorieren, wie, sobald die Gefahr vorbei ist, zu vergessen, dass man von einer Katastrophe erlöst worden ist.

So hält der Erzähler am Ende seines Zeugenberichts fest: «Von der Mehrzahl der Leute lässt sich sagen, was man von den Kindern Israels behauptet, nachdem sie von dem Heer des Pharao befreit wurden und sie das Rote Meer durchkreuzt hatten und zurückblickten und die Ägypter in diesem ertrinken sahen: Dann nämlich sangen sie das Lob Gottes, bald darauf aber vergassen sie sein Werk.» Entscheidend ist die doppelte Zeit, mit der Defoes fingierter Augenzeugenbericht operiert, wird doch daran die intendierte moralische Bildung gemessen. Sein Alter Ego hat nicht nur den Einzug und das Wüten der Pest in seinen Bemerkungen festgehalten, sondern lässt alles in der fehlenden Einsicht seiner Mitmenschen und deren Rückkehr zu dem vorherigen Frevel münden. Defoe lässt seinen Sattler in die Vergangenheit zurückschauen, um diese seiner eigenen Zeit anzupassen, aber auch, um vor einer weiteren Wiederholung zu warnen; nicht in Frankreich, sondern in seinem Heimatland. Wenn im Untertitel davon die Rede ist, es handle sich um die «vorige grosse Heimsuchung im Jahr 1665», wird damit impliziert, es könnte eine weitere kommen. Autorität verleiht seiner Warnung nicht nur der Tod derer, die von der Pest ergriffen wurden, sondern sein eigenes Überleben. Das Tagebuch hört mit einer treffenden Gedichtstrophe auf: «Eine schreckliche Pest in London war im Jahre fünfundsechzig, welche hunderttausend Seelen wegfegte; doch ich am Leben!» Die Wette dieser Seuchengeschichte aber ist ein Überleben, das umso beglückender ist, weil es sich der eigenen Versehrtheit bewusst geworden ist.

*

Wie Susan Sontag festhält, wurde die Pest lange Zeit metaphorisch eingesetzt für eine kollektive Kalamität, die nicht nur einer Gemeinde zugefügt wurde, sondern von dieser auch ertragen werden musste. Teil dieses Denkbilds ist die Vorstellung von Krankheit als Bestrafung, sowohl für moralische als auch sexuelle Laster. Mit der Aufklärung aber findet ein Wandel in der Begrifflichkeit statt. Laut Sontag wird die Pest nicht mehr wie die biblische Geschichte des Exodus oder die antike Sage des König Ödipus von göttlichen Kräften «gesandt», um eine gewissen Gemeinschaft zu strafen. Stattdessen werden Menschen von der Pest «heimgesucht». Laut Sontag ist die moderne Pestgeschichte von einer Unerbittlichkeit und einer Unentrinnbarkeit geprägt, die die Ahnungslosen ebenso wie die Achtlosen ertappt und keinen verschont. In Edgar Allan Poes Schauergeschichte «*The Masque of the Red Death*» ist mit der Vorstellung, alle würden einem Ausbruch der Pest unterliegen, dennoch eine Schuldzuweisung verbunden. Und auch diese Erzählung geht auf einen historischen Bericht zurück: Einen Ball, der in Paris während der Choleraepidemie im Jahr 1832 stattfand. Bietet somit wie in Boccaccios Novellensammlung eine Epidemie den Hintergrund des tragischen Ereignisses, von dem berichtet wird, beginnt allerdings Poes Geschichte in medias res. Weder der Ursprung der Seuche ist von Interesse noch der Ort, an dem sie ausgebrochen ist, sondern deren fatale Konsequenzen. Die ersten Sätze verkünden: «Der ‹Rote Tod› hatte lange Zeit das Land verwüstet. Keine Seuche war je so fatal, abscheulich gewesen. Blut war ihr Avatar und ihr Siegel – die Röte und das Grauen von Blut.»

Ebenfalls wie im *Decamerone* ziehen sich zusammen mit ihrem verwegenen Herrscher Prinz Prospero eintausend gesunde und heitere Höflinge auf dessen weitläufige Burg zurück. Ausgiebig versorgt mit Proviant, bietet dieser abgelegene Bau ihnen einen Ort, an dem sie sich der Ansteckungsgefahr verwehren zu können meinen. Um sowohl den Zutritt als auch das Verlassen dieser Heterotopie zu verunmöglichen, sind die

Riegel vor allen Toren verschweisst worden. Wie die jungen Edelleute aus Florenz wollen auch diese Höflinge sich nicht von ihren armen Mitmenschen betrüben lassen, wollen keinen Gedanken verschwenden an den «Roten Tod», der vor den Toren wütet. Die Aussenwelt soll sich um sich selbst kümmern, während sie sich die Zeit nicht mit dem Erzählen von Geschichten vertreiben, sondern mit luxuriösem Festen. Nach sechs Monaten findet dieses verblendete Feiern in einem prachtvollen Ball seinen Höhepunkt. Die Räume sind mit glitzerndem Licht ausgeleuchtet und nähren somit die Sinnestäuschung, die im Maskenspiel der kostümierten Tänzer dargeboten wird. Auch dies ein Gemeinschaftsprojekt: Alle scheinen in einen gemeinsam geteilten Traum verstrickt zu sein. Dann taucht um Mitternacht plötzlich eine maskierte Gestalt in ihrer Mitte auf, die niemand vorher beachtet hatte. Gross gewachsen und hager, übertrifft sie alle anderen Verkleidungen, ist sie doch von Kopf bis Fuss in Grabkleider gehüllt. Die Maske, die ihr Gesicht verbirgt, gleicht dem Antlitz einer Leiche. Was aber die Tänzer vor allem zaudern lässt, ist die Todesart, die der Pantomime zu verkörpern sich entschlossen hat: «Sein Gewand war mit Blut bespritzt, seine Gesichtszüge mit rotem Grauen besprengt.»

Zuerst läuft er nur hin und her zwischen den anderen Masken, die im Innern der Burg mit ihrem tobenden Tanz der von ihm verkörperten Seuche, die draussen wütet, zu trotzen versuchen. Dann aber fordert Prinz Prospero den Pantomimen heraus, erkennt er in ihm doch eine Verhöhnung des Blendwerks, das er der Furcht entgegenzuhalten sucht. Er fordert seine Höflinge auf, diesem die Maske zu entreissen, und droht, ihn bei Sonnenaufgang an der Festungsmauer erhängen zu lassen. Der Eindringling aber löst solche Ehrfurcht aus, dass niemand ihn zu ergreifen wagt. Er hat die Tanzregie längst übernommen. Mit feierlichem Schritt durchquert er alle Räume, während die Ballgäste ihm ausweichen. Niemand wagt es, ihn anzuhalten, nur der kühne Prinz folgt ihm mit seinem gezückten Degen in der Hand. Im letzten Zimmer angekommen, dreht der Eindringling sich schliesslich um. Der Prinz fällt tot zu Boden. Die wenigen Mutigen, die sich alsdann auf ihn stürzen, müssen zu ihrem Schreck erkennen: Das Totengewand und die Leichenmaske, die sie gewaltsam übermannt haben, enthalten keinen Körper. Als sich selbst verkleidet ist der Tod zu ihnen vorgedrungen. Wie der Begriff *masque* andeutet: Das Kostüm und dessen Träger sind ein und dasselbe.

Im Gegensatz zu Boccaccios jungen Leuten haben weder der Rückzug in diese entlegene Burg noch die Riegel, die zur Abschottung dienen sollten, den Tod aufhalten können. Im Gegenteil, die Abriegelung, der die Höflinge selber zugestimmt haben, stellt nun sicher, dass sie ihrem Schicksal nicht entkommen können. Einer nach dem anderen fallen sie auf den Boden, der bald ganz mit ihrem Blut bedeckt ist. Mit diesem Abschluss bietet Poe ein Sinnbild für die Pest als grossen Gleichmacher, dem die arroganten Edelleute ebenso ausgesetzt sind wie die Armen, um die sie sich nicht kümmern wollten. Die Schauergeschichte mündet in einem modernen Verständnis von Pandemie, welches dieser eine allumfassende Macht zuspricht: «Und Dunkelheit und Verwesung übernahmen eine grenzenlose Herrschaft über alles.» Dieser apokalyptische Satz bleibt allerdings ambivalent. Poes Entrüstung zielt auf die Ungerechtigkeit einer Klassengesellschaft ab, in der verantwortungslose Reiche meinen, sich durch ein frivoles Unterhaltungsprojekt vor einer Epidemie schützen zu können. Dreht man das Denkbild um, kommt eine Kehrseite zum Vorschein, die dem Opfer selbst die Schuld für die tödliche

Erkrankung zuschreibt. Es ist auch eine Frage der Konsequenzen eines Willens zur Transgression. Verurteilt werden diejenigen, die im Sinne eines modernen *carpe diem* angesichts einer tödlichen Krankheit besonders haltlos feiern. Für sie gibt es tatsächlich kein Morgen.

⁂

Defoe lässt, wenn auch ohne schützende Kräuter vor Mund und Nase, seinen Erzähler durch die verseuchten Strassen Londons wandern, um für seine Aufzeichnung eines Pestjahrs Stoff zu finden. Er berichtet als Überlebender. Bei Poe verschliesst sich eine Festgesellschaft in einer Burg, um in Gedanken die Pest fernzuhalten. Wie viele ausserhalb der Burg die Seuche überstanden haben, verrät diese Schauergeschichte nicht. Wir wissen lediglich, dass die, die geflohen sind, alle zugrunde gehen. Mary Shelleys *The Last Man* bietet eine dritte Weiterführung der Pandemiegeschichte. Im Gegensatz zu allen bisher diskutierten Erzählentwürfen steht in ihrem Roman tatsächlich das Ende der Welt bevor. Zugleich ist die Rahmengeschichte wesentlich vertrackter. Im Jahr 1818 entdeckt eine anonyme Erzählerin in der Nähe von Neapel die Höhle der antiken Sibylle von Cumae. Dort findet sie Fragmente einer apokalyptischen Schrift, welche das Ende der Menschheit in der letzten Dekade des 21. Jahrhunderts verkündet. Die Erzählerin ist von dieser geheimnisvollen Botschaft aus der Vergangenheit dermassen angezogen, dass sie die Höhle mehrmals besucht, um während vieler einsamer Stunden die verstreuten Blätter der Sibylle zu einer einheitlichen Erzählung zusammenzufügen. Dabei übersetzt sie nicht nur die Prophezeiung der Wahrsagerin, sondern gleicht, um eine narrative Verknüpfung für die oft unzusammenhängenden Teile herzustellen, die von einer göttlichen Macht inspirierte Vision ihrer aufklärerischen Weltsicht an. Zugleich schreibt sie sich in die Zukunft ein. In der Zeitform des Futur II trifft sich der Blick in die Vergangenheit mit einer Spekulation darüber, wie es in der Zukunft gewesen sein wird.

Weil sich hinter dieser anonymen Autorin unzweideutig Mary Shelley verbirgt, ist auch die Datierung dieser spekulativen Fabulation nicht unbedeutend. Der Roman *The Last Man* erscheint zwar erst im Jahr 1826, der Italienbesuch, der ihm vermeintlich zugrunde liegt, findet hingegen im selben Jahr statt, in dem *Frankenstein oder Der moderne Prometheus* veröffentlicht wurde. Die Pandemiegeschichte ist als Fortsetzung der Zerstörung einer bestimmten Lebenswelt zu verstehen, die in dem vorherigen Schauerroman nicht durch eine Seuche, sondern ein enthemmtes künstliches Geschöpf vollzogen wird. Die Rahmenerzählung gibt somit eine vielschichtige Zeitrechnung vor: Ein Jetzt, in dem eine anonyme Autorin aus einer antiken Prophezeiung einen apokalyptischen Roman gestaltet; die Vergangenheit, aus der diese Vorhersage wieder aufgetaucht ist; und die Zukunft, in der sich diese Vision vollziehen könnte. Nicht als Entlastung, aber doch als Erleichterung ist diese Zeitverschränkung gedacht. Als Mary Shelley ihren Endzeitroman veröffentlichte, hatte sie alle Mitmenschen, die sie in diesem Schlüsselroman verarbeitet, überlebt – ihren Gatten Percy Shelley, dessen Busenfreund Lord Byron sowie zwei ihrer Kinder. Im Sinne eines persönlichen Geständnisses lässt sie die Rahmenerzählerin erklären, warum sie in einer «Geschichte von Kummer und traurigem Schicksal Trost finden konnte». Von Katastrophen zu erzählen, erlaubt es ihr, reale Sorgen in fiktionale zu verkleiden, «deren Idealität dem Stachel der Sterblichkeit seinen Schmerz nimmt.» Diese Kompensation bezieht sich nicht nur auf ihre ganz persönliche Trauer; sie macht auch den Reiz aus, der Pandemiegeschichten bis heute innewohnt.

Die Binnengeschichte – ein Hybrid aus Übersetzung, Aneignung und Eigenschöpfung – kreist um den Erzähler Lionel Verney (auch dieser ist eine Spiegelung der Autorin) und das wechselvolle Leben, dem er und sein Freundeskreis ausgesetzt sind. Weil sein Vater vom Hof verstossen wurde, wächst er zunächst zusammen mit seiner Schwester Perdita als ungebildeter Schäfer auf. Nachdem der König im Jahr 2073 abdankt, um die Gründung einer englischen Republik zu ermöglichen, zieht die königliche Familie sich auf das Schloss in Windsor zurück. Sehr bald entdeckt Prinz Adrian (aka Percy Shelley) in seinem verarmten Nachbarn einen Gleichgesinnten und nimmt ihn in seine Entourage auf, zu der auch Lord Raymond, Held der griechischen Feldzüge gegen das Osmanische Reich, gehört. Nach vielen romantischen und politischen Irrungen und Wirrungen heiratet Verney die Schwester seines Busenfreunds. Seine eigene Schwester lässt sich ihrerseits mit Raymond trauen und bringt bald darauf ihre Tochter Clara zur Welt. Nur Adrian bleibt ledig.

Dann wird diese idyllische Gemeinschaft, die sich wohltätigen Projekten widmet und den Geist einer universalen Humanität propagiert, durch einen neuen Feldzug gestört. Vor den Toren von Konstantinopel trifft der siegreiche Befehlshaber Lord Raymond jedoch nicht auf die türkische Armee, sondern auf die Pest, welche die Stadt bereits erobert hat. Zusammen mit der Schwester des Erzählers, die ihm an die Kriegsfront nachgereist ist, gehört der an Lord Byron angelehnte Freiheitskämpfer zu den ersten Pestopfern ihres Freundeskreises. Tatsächlich aber hat sich die Seuche schon längst über mehrere Kontinente verbreitet und bewegt sich mit stetem, unaufhaltbarem Schritt auf Windsor zu, wo Verney und seine Freunde weiterhin verweilen. Ein Schiff aus Philadelphia mit Erkrankten an Bord legt im Hafen von Portsmouth an, während die Seuche sich durch ganz Griechenland verbreitet und Richtung Norden zieht. Wie in so vielen Pandemiegeschichten waltet auch in *The Last Man* eine eigennützige Unachtsamkeit. Nachdem der Handel mit Asien und Amerika abgebrochen wurde, meinen die Engländer dennoch, sie seien von der Gefahr noch zu weit entfernt, als dass diese sie tatsächlich tangieren könnte. Die Einsicht, wie töricht es war, die globale Verbreitung nicht früher erkannt zu haben, kommt auch hier zu spät.

Der besonnene Verney sucht Rat in früheren literarischen Wiedergaben einer Pestepidemie, so auch bei Boccaccio und Defoe, um seine Lage einordnen zu können. Seine ethische Entrüstung gilt aber weniger der grausamen Selbstsucht, die auch um ihn herum ausbricht. Vielmehr zielt seine Kritik auf die fatale Arroganz, die sich jetzt darin besonders deutlich zeigt, dass er und seine Freunde gemeint hatten, ihre Lebenswelt würde ewig fortdauern, selbst wenn einzelne Individuen absterben. Nicht als Botschafter einer göttlichen Rache will Mary Shelley die Pest verstanden haben, sondern als Mahnung gegen die Selbstüberschätzung der Dichter und Denker der Aufklärung. Zum Verhängnis geworden ist ihnen nicht wie bei Poe ein moralisch transgressives Lustprinzip. Die Pest straft vielmehr ihre vermessene Behauptung, der Mensch könne über Leben und Tod selbst entscheiden. Sie zwingt ihnen die schmerzhafte Wahrheit ihrer Versehrtheit auf.

Im Gegensatz zur Coronapandemie heute trifft diese verheerende Seuche, die im Winter abstirbt und im Frühling wieder ausbricht, die Armen wie die Reichen gleichermassen. Wie Verney festhält, wurde sie «durch die verschiedenen Handelswege vollständig in jede Klasse und in jeden Bereich einer Gemeinde eingeführt». Als grosser Gleichmacher wird die globale Krankheit in *The Last Man* jedoch weder als gänzlich vermeidbar gezeichnet, hat doch sowohl der Handel als auch der Krieg sie zu verbreiten geholfen. Noch wird sie von Mary Shelley als gänzlich unausweichlich begriffen, hätten die Menschen sich besser auf sie vorbereiten können. Als Inbegriff einer tödlichen Universalität, die alle trifft und betrifft, bietet die Pest vielmehr ein Sinnbild für die toxische Kehrseite des westlichen Humanismus und dessen Forderung nach Gleichheit und Verbrüderung von allen. Ernüchtert beschreibt Verney, wie er und sein trauter Freundeskreis sich mit der Krankheit, die jedes Jahr von Neuem kommt, zu arrangieren lernen, als würden sie vergessen, wie die Welt vor dieser Heimsuchung gewesen war. Konnten sie sich vorher in endlosen Gedankenexperimenten ausbreiten, sind sie nun gezwungen, sich «hinter der Wand des eigenen Fleisches zurückzuziehen, nun ausschliesslich darauf bedacht, das eigene Wohlsein zu erhalten». Für die humanistischen Aspirationen, die Freiheitsliebe und den Genuss des Ästhetischen, die er vorher mit seinen Freunden teilte, ist die unbarmherzige Nivellierung, die die Pest mit sich bringt, ein Affront. Die Reduktion aufs reine Überleben angesichts der Drohung, das Menschengeschlecht könne aussterben, entlarvt seine hehren Erwartungen und Hoffnungen als eitle Illusion.

Vier Jahre vor der Jahrtausendwende verlässt der Erzähler mit seinen Freunden die Heimat und erreicht nach langer Wanderschaft endlich die Schweiz. Überlebt haben ausser ihm nur sein Freund Adrian, die kleine Clara und sein eigener Sohn Evelyn. In einem Tal in der Nähe von Chamonix begraben sie das letzte Opfer der Pest, die nach sieben grausamen Jahren nun endlich von der Erdoberfläche verschwunden zu sein scheint. Beglückt hält Verney fest: «Von diesem Augenblick an sah ich die Pest nie wieder. Sie hat abgedankt, hat das kaiserliche Zepter niedergelegt inmitten der Eisfelsen, die uns hier umgeben. Sie hinterliess Einsamkeit und Stille als Miterbe ihres Reichs.» Der gewöhnliche Tod aber bleibt. Nachdem sie nach Italien weitergezogen sind, stirbt zuerst sein junger Sohn in Como an Typhus. Die Hinterbliebenen kommen gesund in Venedig an. In einem Sturm kentert das Segelboot, mit dem sie ihre Reise fortführen wollten, dabei ertrinken auch Adrian und die kleine Clara. Als einziger Überlebender kommt Verney schliesslich in der ewigen Stadt Rom an und wählt als Herberge einen der verlassenen Paläste. Dort findet er nicht nur Essen und Trinken vor, sondern im Studierzimmer eines Schriftstellers auch Bücher und Schreibmaterial. Der Anblick eines unvollendeten Manuskripts inspiriert ihn, sein eigenes Buch zu schreiben. In einem Anflug von kapriziöser Verzweiflung entschliesst er sich, sein Werk den glorreichen Toten zu widmen: «Schatten, erhebt euch und lest von eurem Niedergang. Seht, die Historie des letzten Mannes.»

Ein Jahr lang verbringt Verney in Rom mit dem Verfassen seiner Geschichte. In dieser angehaltenen Jetztzeit trifft die Zukunft auf die Vergangenheit. Seine Erinnerung an jene Zeit, die unwiderruflich verloren ist, beschwört die Geister seiner verstorbenen Freunde zu neuem Leben herauf. Wir Leserinnen und Leser aber wissen aus der Rahmenerzählung: Verneys Rückblick ist zugleich die Prophezeiung einer antiken Sibylle, die sich diesen Schäferjungen ausgedacht hat, um sich eine mögliche Zukunft vorzustellen. Dabei bleibt die Frage unbeantwortet, was Verneys Wunsch, seine Erinnerungen aufzuschreiben, überhaupt angeregt hat. Ob die Welt wieder bevölkert wird, kann er nicht wissen. Kein Lebender ist ihm nach Rom gefolgt. Einzig mit einem streunenden Hund schliesst er Freundschaft. Dann entschliesst er sich, erneut auf Wanderschaft zu gehen.

Findig wechselt die Rahmenerzählerin auf der letzten Seite ihres Romans die Zeitform und lässt ihren traurigen

Überlebenden sich vorstellen, wie die bevorstehende Reise aussehen könnte. Zusammen mit dem Hund will Verney von Hafen zu Hafen ziehen, in jeder Stadt wird er Bücher und Proviant finden. Vielleicht wird er den Gefährten, den er sich so sehnlichst wünscht, irgendwo antreffen. Es könnte ja irgendwo doch noch einen anderen Überlebenden geben. Nicht aber Hoffnung und Freude werden ihm helfen, seine Furcht zu vertreiben, sondern ein erbitterter Drang nach steter Veränderung. Mit den letzten Worten, die Mary Shelleys Alter Ego ihm in den Mund legt, stellt Verney sich vor, wie er in einer von Menschen entleerten Welt einer Vielzahl an Naturerscheinungen beiwohnen wird: «Den Regenbogen werde ich als gutwilliges Omen lesen, in den Wolken eine Bedrohung, in allem eine mir nahestehende Niederschrift.» Ganz allein meint er allerdings auch in dieser noch gänzlich offenen Zukunft nicht zu sein. In seiner Vorstellung braucht es Zeugen für sein Überleben. Die Memoiren münden in einem rührendem Schlussbild: «Die Engel, die Geister der Toten und das stets offene Auge des Schöpfers werden den kleinen Dreimaster erblicken, mit Verney befrachtet – dem *letzten Mann*.» In der Zeitform der Vergangenheit, die erst noch kommen wird, liegt der Trost und die Hoffnung: Man wird ihn gesehen haben.

Im Gegensatz zu heutigen Epidemiologen blickt Mary Shelley mit diesem Roman nicht zurück auf einen vergangenen Ausbruch der Pest, um davor zu warnen, was – wieder – passieren könnte. Am Ende von *The Last Man* ist eine Katastrophe überwunden worden, die noch gar nicht stattgefunden hat. Der Trost, den ihre spekulative Fabulation spendet, liegt zugleich nicht wie die Rahmenerzählerin meint allein in der literarischen Verarbeitung ihrer persönlichen Trauer. In Mary Shelleys fiktionaler Gestaltung einer fingierten Prophezeiung schlägt die tragische Notwendigkeit in die Kontingenz des

Möglichen um. Die Endzeitvision, die sie einer antiken Sibylle zuschreibt, könnte eintreten. Sie muss dies aber nicht zwingend tun. Wer aber sind wir, die sich diesem Roman aus der Vergangenheit heute nochmals zuwenden? Sollen wir uns mit den Toten, die wir einst sein könnten, identifizieren? Erlaubt es der Roman uns, in der Welt der Fiktion den Niedergang der Menschheit durchzuspielen, diesen sogar zu geniessen, weil wir wissen, es ist kein realer Ernstfall? Oder liegt der eigentliche Trost im offenen Ende, in dem ein einzelner Mensch sich ganz seinem Schicksal hingibt, in dem alles noch – oder wieder – möglich ist?

*

Angesichts der Statistiken, die den Ausgang der Coronapandemie prognostizieren wollen, wie auch der Vielzahl an Deutungsversuchen durch Expertinnen und Experten unterschiedlicher Couleur hat sich in meinen Gedanken eine Metapher geformt. Könnte man nicht das Virus mit dem Pulver vergleichen, welches an einem Tatort eingesetzt wird, um Fingerabdrücke sichtbar zu machen? An diesem Denkbild der Spurensicherung hängt eine ganz bestimmte Prämisse: Es hat vorgängig Taten gegeben, welche wir jetzt zu rekonstruieren aufgerufen sind. Bei solch einer Spurensicherung geht es nicht darum, dass sich erst jetzt etwas offenbart. Wir haben die Ereignisse, die unsere Aufmerksamkeit auf sich ziehen, bereits vorher bemerkt oder hätten dies tun können. Was sich verändert hat, ist die Dringlichkeit, darüber nachdenken zu müssen.

Was also wird durch die Linse vergangener Pandemieerzählungen noch mal neu sichtbar? Wie zu Zeiten Boccaccios hat die Selbstquarantäne auch heute denjenigen, die klug vorgesorgt haben, geholfen, sich in die eigenen Wohnräume zurückzuziehen. Dabei wird zugleich ein entscheidender Unterschied augenfällig: Das Coronavirus kann nicht als grosser Gleichmacher verstanden werden. Unübersehbar sind die sozial Schwächeren wesentlich stärker gefährdet, weil sie in dicht besiedelten Nachbarschaften leben, weil für sie weder Homeoffice noch *social distancing* eine Option darstellen, und weil ihr Zugang zu medizinischer Betreuung weit schlechter ist. Nicht aber von göttlicher Vergeltung lässt sich sprechen, sondern von den verheerenden Konsequenzen einer kapitalistischen Kultur, die auf Effizienz, Gewinn und Wachstum setzt und sich um das Wohlergehen der Ärmeren nicht zu kümmern scheint.

Augenfällig ist auch ein zweiter Unterscheid. Beim Lockdown im Jahr 2020 hat es sich nie um den Ernstfall gehandelt. Es war vielmehr eine Trockenübung für Katastrophen, die noch kommen werden. So schrecklich die hohe Zahl der Todesopfer ist, so sehr bleibt die Bedrohung weiterer Verluste bestehen: Es handelt sich nicht um eine allumfassende Krankheit, wie Mary Shelleys Wahrsagerin sie in ihrer postapokalyptischen Vision darbietet. Was sich hingegen zeigt, ist ein Unbehagen über die globalen wirtschaftlichen Netzwerke. Auch das Coronavirus kennt keine geografischen Grenzen, verbreitet sich über den gesamten Erdball. Die Gefahren, die wir angesichts dieser neuesten Pandemie im Tourismus, bei Geschäftsreisen sowie in Handels- und Lieferketten nun erkennen wollen, haben die Aufmerksamkeit auf eine Fehlbarkeit im Herzen unserer kapitalistischen Kultur gelenkt, die jedoch längst schon da war. Hat sich zusammen mit dem Virus nun auch eine Störung des globalen Wirtschaftssystems verbreitet, schärft dies den Blick nun dafür, was essenzielle Arbeit, essenzielle Güter, aber auch essenzielle Werte sind? Wer profitiert und wer verliert? Welche Verbote wollen wir uns auferlegen, welche Arten von Überschreitungen wären heute wieder angesagt? Ist es überhaupt sinnvoll, das Essenzielle vom Überflüssigen und Nebensächlichen zu unterscheiden?

Zu Recht warnt der kanadische Historiker Gavin Walker davor, das neue Coronavirus als Emblem für ideologische Bedeutung zu missbrauchen. Dieses lässt sich weder auf politische Fantasien des rechten Flügels reduzieren, die darin eine Verschwörung der chinesischen Regierung erkennen wollen, noch auf eine Enttarnung globaler Ungerechtigkeit, die notwendigerweise zu einer emanzipatorischen Politik führen sollte. Diese medizinische Krise als eine Offenbarung zu begreifen, in der die kapitalistische Kultur endlich ihr wahres Gesicht zeigt, verkennt den Umstand, dass es sich einfach um eine intensiv erfahrene Suspendierung des gewöhnlichen Laufs der Dinge handelt. Allerdings wirft die Jetztzeit, in der wir uns plötzlich befinden, Fragen auf, die mit Endlichkeit, mit Versehrtheit und dem, was reines Überleben bedeuten könnte, ebenso zu tun haben wie mit der Gesundheit des Gemeinwesens und der Fragilität des neoliberalen Staats. Immerhin: Die Gefahr, zu erkranken, ist ein wesentlicher Bestandteil unserer körperlichen Gesundheit. Die Zeit der Coronapandemie ist, wie Walker festhält, eine Zeit der Abwehr, des Wartens, des Aufschubs. Wir wissen noch nicht, was diese Unterbrechung bedeuten wird, wir wissen nur, sie wird wirtschaftliche, politische und kulturelle Konsequenzen haben.

Das Virus ist keine Geschichte. Es offenbart auch keine Wahrheit. Es zeigt vielmehr die Grenzen unseres Wissens angesichts einer virologischen Unbekannten auf. Dennoch wollen wir uns Geschichten erzählen – nicht nur, um uns die Zeit zu vertreiben, sondern auch die Ungewissheit, der wir zusammen mit dem Virus ausgesetzt sind. Auf die Fragen, die diese Pandemie aufwirft, gibt es noch keine definitiven Antworten.

Dadurch wird das Verlangen nach Sinnstiftung umso deutlicher. Eben deshalb sollten wir uns jene Ambivalenz zu Herzen nehmen, auf die Susan Sontag in ihrer Kritik an Krankheitsmetaphern hinweist. Wie die Pest vor ihm, hat das Coronavirus an sich keine Bedeutung. Es ist schlicht ein epidemiologisches Ereignis. Etwas ist passiert, das nicht erwartet wurde. Man hatte sich nicht vorgestellt, je ein Aussetzen von Normalität auf diese Weise miterleben zu müssen, wie es im Frühling 2020 eintraf.

Doch weil wir an diesem Ausbruch etwas Bedeutsames ablesen wollen, blicken wir zurück auf frühere Erzählentwürfe. Jede Geschichte bietet für eine Katastrophe eine Deutung, indem sie dieses schreckliche Ereignis mit einer übertragenen Bedeutung versieht. Sie verweist dabei zugleich darauf, dass es sich um eine fiktionale Umwandlung handelt. Es mag sich dabei wie bei Defoe um die Vorstellung einer göttlichen Vergeltung handeln oder wie bei Poe um eine selbstverschuldete Vernichtung. Es mag wie bei Mary Shelley der Überhöhung persönlicher Trauer in ein allgemeines menschliches Schicksal dienen. Der Rückgriff auf Denkbilder hilft jeweils, entsetzlichen Ereignissen Sinn zu geben. Ein weiterer Trost besteht darin, dass in der Welt der Literatur zumindest eine Person überlebt, nämlich die, an die der Text gerichtet ist. Die Leserinnen und Leser sind Voraussetzung, sonst ergäbe das Erzählen keinen Sinn. Der *last man,* von dem Mary Shelley berichtet, ist der Letzte, aber auch der Vorige: der, von dem wir zuletzt gelesen haben. Auf jeder Buchseite kann ein neuer *last man* kommen. Das ist selbst dann die Wette, wenn man sich das Ende der Welt in der Zukunft vorstellt, um es der eigenen Gegenwart anzupassen.

WIE UNS DAS KINO VORBEREITEN KÖNNTE

Erst im Rückblick zeigt sich, wie hellsichtig Steven Soderberghs Pandemiefilm *Contagion* aus dem Jahr 2011 eigentlich war. Ein Tag, nachdem die hustende Patientin null von einer Geschäftsreise nach Hause kommt, beginnt sich das Virus global zu verbreiten. Zusammen mit ihr und ihrem Sohn sterben innerhalb von fünf Tagen eine Reihe von Leuten, die mit ihr in Kontakt gekommen waren; nicht nur in ihrer Heimatstadt Minneapolis, sondern auch in Chicago, London, Tokio und in der Provinz Guangdong in China. In Genf begreift eine Epidemiologin, die für die WHO arbeitet, sowohl die Verbindung der vereinzelten Todesfälle als auch das Ausmass der Ansteckungsgefahr. Bald darauf reist sie nach Hongkong, um den Ursprung der neuen Infektion zu suchen. Ausfindig zu machen, wie das Virus überhaupt auf die Bevölkerung hat überspringen können, soll dazu beitragen, dessen Entwicklung nachzuvollziehen. Es gilt, eine Wiederholung zu verhindern.

Gleichzeitig beauftragt der Leiter des CDC in Atlanta seine Mitarbeiterinnen und Mitarbeiter, in Minneapolis die Erkrankten in Notlagern zu isolieren. Einer seiner Forscherinnen gelingt es zudem, das Virus zu identifizieren. Entstanden ist es bei einem rein zufälligen Zusammentreffen von einer

Fledermaus und einem Schwein. Wie wir aus einer bunten Computergrafik erfahren, muss die Forscherin es züchten können, damit sie einen Impfstoff entwickeln kann. Kaum jemand hat damals, als der Film herauskam, diesen wissenschaftlichen Details besondere Aufmerksamkeit geschenkt. Es waren die Stars (Gwyneth Paltrow, Matt Damon, Kate Winslet und Marion Cotillard), für deren fiktionale Schicksale wir uns interessierten. Wenn wir heute auf ebendiese virologischen Erklärungen in der Berichterstattung zu Covid-19 fixiert sind, hat es etwas Unheimliches an sich. Wissen, welches uns aus dem Kino bereits vertraut ist, spielt plötzlich in unserer Realität eine wichtige Rolle. Es betrifft uns in unserer eigenen Wirklichkeit.

Im Film *Contagion* setzt in der Bevölkerung die Angst nicht nur deshalb ein, weil niemand genau sagen kann, um welche Art Epidemie es sich handelt; zudem sind auch Leute ansteckend, die keine Symptome zeigen, jeder und jede steht also unter Verdacht. Innerhalb einer Woche bieten die Experten eine Prognose darüber, wie schnell sich das Virus voraussichtlich reproduzieren wird, wohin es wandern könnte und welche Anzahl Todesopfer zu erwarten ist. Zusammen mit der WHO ruft auch der von Laurence Fishburne gespielte Leiter des CDC den Notstand aus. Mit ruhiger Stimme erklärt er der Presse, dass der Vorwurf, er würde überreagieren, ihm lieber sei als die Vorstellung, nachträglich eingestehen zu müssen, dass Menschen gestorben seien, weil sich die Gesundheitsbehörde nicht früh genug mit allen ihr zur Verfügung stehenden Mitteln eingesetzt hätte. Fishburnes Stimme der Vernunft wäre auch am Anfang des Jahres 2020 in Amerika nicht fehl am Platz gewesen. Als effektivste Schutzmassnahme schlägt er vor, was uns heute wieder vertraut ist: *social distancing,* zu Hause bleiben, wenn man krank ist, und möglichst oft die Hände waschen.

Was hingegen in Soderberghs *Contagion* folgt, ist grosses Kino. Der Ernstfall wird imaginiert, und diese Darbietung muss exzessiv und übertrieben sein. Das gehört zur Gattung des Thrillers. Die Dramatik braucht es aber auch, damit die Botschaft wirkt. Das auf der Leinwand zur Schau gestellte Entsetzen dient in all seiner Extremität dazu, uns Angst einzuflössen, denn eine ähnliche Katastrophe könnte auch in Wirklichkeit eintreten. Weil das Virus sich exponentiell verbreitet, ein Impfstoff jedoch nicht so schnell hergestellt werden kann, bricht Gewalt in der Bevölkerung aus. In den Städten wird geplündert, in Häuser eingebrochen, Banken werden ausgeraubt. Dann wird ein Lockdown verhängt. Der Präsident flüchtet sich in seinen Bunker, und der Kongress tagt nur noch online. Die Grenzen zwischen den Staaten werden geschlossen. Bald haben sich alle, die nicht evakuiert worden sind, in ihren Häusern verbarrikadiert. Die Polizei und die Feuerwehr sind nicht mehr im Einsatz, in den Krankenhäusern fehlt es an Personal und medizinischem Zubehör. Weil sich mit dem Virus auch eine Lebensmittelknappheit einstellt, brechen Krawalle wegen Hunger aus. Auf den Strassen türmen sich Müllberge. Die Leichen kommen in ein Massengrab. Die Strassen, Büroräume, Museen und Flughäfen sind alle leer. Bevor die Wissenschaftlerin des CDC endlich einen Impfstoff entwickeln kann – 133 Tage nach der ersten Infektion –, sind bereits weltweit 2,5 Millionen Menschen gestorben.

So übertrieben die Filmsequenzen auch wirken: Dieser Ausbruch des Mev-1-Virus wirkt auf uns heute wie ein Prequel zu Covid-19. Es stellt sich deshalb auch die Frage, warum man Soderberghs Film damals nicht als schonungslose Prophezeiung lesen wollte, sondern als raffiniert inszenierte Dystopie. Es lässt sich zudem fragen: Warum geniessen wir auf der Leinwand – auch heute wieder –, was uns in der Wirklichkeit beängstigt? Freuds Denkfigur bietet einmal mehr eine erste Antwort: In der Welt der Fiktion können wir jenen Tod annehmen, den wir in unserem realen Leben gerne ausblenden. Wir können ungestraft an einem Massensterben teilnehmen, das zwar *für* uns, nicht aber *mit* uns ist. Die Stars, mit denen wir uns auf der Kinoleinwand identifizieren, wie auch die intensiven Bildsequenzen, in die wir uns hineinfühlen, verleihen unseren persönlichen Ängsten den Reiz eines Abenteuers, von dem wir wissen, dass wir es überleben werden. Im Kino ist der Pandemieausbruch zudem eine altvertraute Geschichte, die wir nicht einmal verdrängt, sondern einfach auf die Leinwand oder den Bildschirm ausgelagert haben. Wenn wir heute angesichts einer realen Seuche im Filmarchiv nach Unterhaltung suchen, stellt sich danach ein neuer Blick auf unsere gegenwärtige Lage ein. Die Ähnlichkeit, die sich plötzlich in unserer Wirklichkeit ergeben hat, rückt gewisse Details in ein neues Licht: allen voran die Gefahr, die in der ganz alltäglichen Berührung – von Gegenständen und anderen Menschen – lauert. Der englische Begriff *contagion* leitet sich von zwei lateinischen Wörtern ab: *con* (zusammen mit) und *tangere* (zu berühren).

Als Genrefilm folgt Soderberghs Pandemiefantasie einer formelhaften Erzählweise, für die Kulturwissenschaftlerin Priscilla Wald den Begriff *outbreak narrative* geprägt hat. Nachdem ein Infektionsausbruch identifiziert worden ist, wird das globale Netzwerk, das die Verbreitung beschleunigt, mit digitalem Bildzauber dargeboten. Ebenso visuell geschickt wird die epidemiologische Arbeit aufgezeigt, die in der Eindämmung der Seuche mündet. Weil in der Handlungsabfolge die räumliche Bewegungsroute der Mikroben und die Interaktionen, die diese unterstützen, miteinander verwoben werden, entsteht laut Wald eine in ihrer Ambivalenz bezwingende

Geschichte über die Gefahren menschlicher Wechselbeziehungen sowie den siegreichen Erfolg der Kooperation. Wissenschaftliche Expertise, ökologische Umsicht, politische Machtspiele und individueller Eigennutz halten sich die Waage.

Im drohenden Desaster einer Mikrobeninvasion liegt – so die erstaunliche Pointe dieser Filmgattung – zudem die Möglichkeit für Regeneration und Hoffnung. Aus potenziellen Opfern werden handlungsfähige Heldinnen und Helden, die nicht nur ihr eigenes Schicksal in die Hand nehmen, sondern auch das Überleben der Gemeinschaft sicherstellen. Es braucht diese Bedrohung von aussen, um die menschliche Koexistenz, unser Miteinander *wieder* zu konstituieren. Die sentimentale Sinnlösung einer zurückgewonnenen Normalität, meist als Familienbildung oder Rekonstruktion eines Freundeskreises verhandelt, wirkt ebenso beruhigend wie der Wissensvorsprung, den die Zuschauenden haben. Die betroffenen fiktionalen Figuren begreifen erst im Rückblick – und darin ähneln sie den Epidemiologen – die eigenen Versäumnisse. Wir aber können uns darauf verlassen: Die Katastrophe wird entweder in letzter Minute aufgehalten oder mit grossem Einsatz überwunden. Je unplausibler die Handlungsabfolge, die diesen Triumph über das Virus zu bewerkstelligen hilft, desto grösser unsere Befriedigung. Wir können uns dadurch ständig vergewissern, dass es sich – nur – um Ereignisse in der Welt der Fiktion handelt.

*

Es lässt sich von der Kinoleinwand als Projektionsfläche im doppelten Sinn sprechen. Die Zuschauer projizieren ihre Fantasien auf die Geschichten, die sich dort abspielen, diese präsentieren sich zugleich als Vorhersagen. An einer Stelle in *Contagion* erinnert der Leiter des CDC einen skeptischen Gesprächspartner an die Spanische Grippe, an der ein Prozent der Weltbevölkerung gestorben ist. Listig verweist Soderbergh damit zugleich auf seine eigene rhetorische Wette: Der Pandemiefilm ruft eine frühere Verseuchung auf, um eine nächste vorherzusagen. In grellen Farben, schnellen Bewegungen und mit affektreicher Musik untermalt, simuliert er den Ernstfall eines viralen Ausbruchs. Dabei zehrt das populäre Kino nicht nur vom Zeitgeist, auf den es reagiert und den es reflektiert, es wirkt auch auf diesen ein. In Zeiten einer Katastrophe erweckt diese Rückkoppelung den Eindruck, die Realität würde frühere fiktionale Darbietungen einer Seuche nachahmen.

Aus dieser Wechselbeziehung ergibt sich eine weitere bemerkenswerte Verbindungslinie: Die Epidemiologen, denen im Pandemiefilm viel Beachtung geschenkt wird, bemühen ihrerseits mit ihren Prophezeiungen Vorstellungen vom möglichen Verlauf einer noch zu kommenden Seuche. Auch sie reagieren mit ihren Prognosen auf bereits vergangene Pandemien, und auch sie wollen davor warnen, dass es wieder passieren könnte. So hat es in der Vergangenheit in den USA tatsächlich immer wieder Notfallübungen gegeben, deren Ziel es war, etwaige Schwachstellen in der staatlichen Katastrophenvorsorge offenzulegen. Auch diese Simulationen – die sich nicht im Kinosaal, sondern in den Zentren diverser Bundesbehörden abspielen – sind als fiktive Szenarien konzipiert: Gedankenexperimente, die mögliche Abläufe durchspielen, um als Vorbereitung auf den Ernstfall die Grenzen der Wissenschaft, aber auch die Mängel politischer Institutionen offenzulegen.

Wie die NEW YORK TIMES Mitte März 2020 berichtete, fand im Jahr 2019 unter dem Decknamen «Crimson Contagion» eine solche Simulation im Department of Health and Human Services (HHS) statt. Es nahmen zwölf Bundesstaaten (inklusive New York und Illinois) teil. Involviert waren nicht nur das Pentagon und der National Security Council (NSC), sondern auch medizinische Einrichtungen wie das Amerikanische Rote Kreuz und die Mayo Clinic. Das in Echtzeit durchgespielte Drehbuch umfasste vier Stadien eines Ausbruchs einer fiktionalen Grippepandemie, die im Januar 2019 einsetzt und Mitte August das Worst-Case-Szenario vorsieht. Touristen, die sich in China angesteckt haben, zeigen bereits beim Rückflug in ihre Heimatländer – Australien, Kuwait, Malaysia, Thailand, England, Spanien und die USA – Symptome wie Atembeschwerden und Fieber. Ein Mann mittleren Alters steckt nach seiner Ankunft in Chicago seinen Sohn an, der am selben Tag noch an einer grossen öffentlichen Veranstaltung teilnimmt und somit die Infektionskette in Gang setzt. Im August sind schliesslich in den USA mehr als 12 000 Fälle gemeldet.

Zwar schreibt, wie in *Contagion,* das CDC Schutzmassnahmen vor, doch es zeigen sich auf verschiedenen Ebenen gravierende Mängel in der Notfallvorsorge. Desorganisation innerhalb und zwischen den verschiedenen Teilgebieten der Regierung sorgt für zusätzliche Verwirrung. Dort ringen verschiedene Bundesämter um die Deutungshoheit und die Verantwortlichkeiten. Es fehlt an jeglicher Koordination zwischen der Bundesregierung und den einzelnen Staaten. Man kann sich weder auf die Zuständigkeitsbereiche einigen noch darauf, wie mit dem allgemeinen Schulanfang im Herbst umzugehen ist. Eine weitere Verschärfung der Lage folgt, nachdem sich die Landesregierungen mit dringlichen Bitten um Hilfe an Washington wenden. Es zeichnet sich ein Mangel an virenhemmenden Medikamenten, persönlicher Schutzausrüstung und Beatmungsgeräten ab. Neben diesen bürokratischen Hindernissen zeigte die Simulation auch, wie unfähig die amerikanische Industrie ist, in kurzer Zeit die nötigen medizinischen Geräte und Versorgungsgüter herzustellen. Diese müssen aus dem Ausland importiert werden. Als im Drehbuch dieser Simulation die WHO Ende September eine Pandemie ausruft, ist es schon zu spät: mehr als 110 Millionen Amerikanerinnen und Amerikaner sind infiziert – 7,7 Millionen davon im Krankenhaus und 586 000 bereits gestorben.

Der im Oktober eingereichte Bericht *Crimson Contagion 2019 Functional Exercise Key Findings* hält die ernüchternden Resultate dieser Übungsanordnung fest. Schonungslos schildern die Verfasser des Berichts, wie unterfinanziert, unvorbereitet und unkoordiniert die US-Regierung im Fall eines tödlichen Kampfs gegen ein bislang unbekanntes Virus wäre. Es liegt den Verfassern des Berichts zudem daran, auf die potenziell verheerenden Konsequenzen hinzuweisen, die das Versäumnis, diese Defizite anzugehen, haben würde. Jede Seite des Berichts war allerdings mit dem Stempel *do not distribute* versehen. Die Befunde wurden erst fünf Monate später der Öffentlichkeit zugänglich gemacht, als der Ausbruch von Covid-19 die Vorhersage dieser Simulation auf tragische Weise bereits bestätigt hatte. Ebenso erschütternd: Es war die dritte Simulation in vier Jahren, die als Antwort auf die Ebolakrise einen fiktionalen Epidemieausbruch durchgespielt, die Mängel identifiziert sowie Korrekturmassnahmen vorgeschlagen hat. Der Trump-Regierung stand demzufolge präzises Wissen über Entwicklungskurven und Risiken zur Verfügung. Im Gegensatz zu dem, was der US-Präsident anfangs in der Presse und in seinen Tweets verkündete, hatten seine Experten sehr wohl so etwas wie Covid-19 bereits gesehen. Doch John Bolton, der zwei Jahre vorher noch Sicherheitsberater gewesen war, hatte ebenjenes Team innerhalb des National Security Council aufgelöst. Diese Behörde wäre ausschliesslich zuständig gewesen für die Warnung vor Pandemien und das Verhängen von Massnahmen.

Zusammen mit dem Wunsch nach Geheimhaltung hat die Simulation von Katastrophen in den USA ihre Ursprünge im Bevölkerungsschutz des Kalten Kriegs. Damals handelte es sich allerdings ausdrücklich um *war games,* bei denen der Ernstfall eines atomaren Erstschlags mehrfach als Fiktion durchgespielt wurde. Es galt, Defizite in der Verteidigung, Lücken in der Information des Geheimdiensts und fehlende Koordination zwischen der Regierung und dem Pentagon zu identifizieren. Weiter galt es aber auch, sich im Detail die Zerstörung vorzustellen, die ein atomarer Angriff mit sich brächte. Das trifft – um die Schlaufe der Rückkoppelung weiter zu bemühen – auch für das Pandemiekino dieser Zeit zu. Haben Virologen der 50er-Jahre ihre Sprachbilder der Politik des Kalten Kriegs angeglichen, wird im Kino der Ausbruch tödlicher Seuchen gerne als Invasion von fremdartigen Wesen inszeniert, die von aussen kommen – sei es aus dem Weltraum oder dem feindlichen Ausland. Auf der Leinwand wird die Ansteckungsgefahr jedoch nicht nur zur Chiffre einer Bedrohung der nationalen Sicherheit: Das Erkennen und die Abwehr einer viralen Pandemie wird zudem in Form eines Kriegsspiels vorgeführt. Als Denkraum, in dem kollektive Befürchtungen und Hoffnungen zu Geschichten verdichtet und immer wieder dem Zeitgeist angepasst werden, entpuppt sich die Kinoleinwand somit als Parallelort zu den Schauplätzen, an denen das Pentagon ebenfalls auf diese Bedrohungsfantasien eingeht: Etwa mit geheimen Laboren in der südwestlichen Wüste oder in Fort Detrick, Maryland, wo ein Programm für die Entwicklung von biologischen Waffen angesiedelt war, das erst 1969 eingestellt wurde. Bis heute findet dort weiterhin – wie auch auf der Kinoleinwand – biomedizinische Forschung statt.

*

Ein Parcours durch die bekanntesten Hollywood-Pandemiefilme macht zwei formelhafte Narrationsweisen des *outbreak narrative* sichtbar, die auch Mutationen erfahren haben: Eine dieser Erzählweisen setzt den viralen Ausbruch mit der Angst vor einer politischen Infektion gleich, eine zweite bedient die Gleichsetzung von Seuche und kriminellen Machenschaften innerhalb des Staatsapparats, sei es in der Presse, im Militär oder in den Regierungsbehörden. Don Siegels *Invasion of the Body Snatchers* (1956), von dem es seither zwei Remakes gab, lässt sich als Filmpatient null des ersten Strangs identifizieren. In der Rahmenerzählung macht der Arzt Miles Bennell, der in das «Emergency Hospital» in einer kalifornischen Stadt geflüchtet ist, einem seiner Arztkollegen ein verzweifeltes Geständnis. Seine Stimme aus dem Off begleitet die Rückblende, die sich auf der Leinwand als Horrorthriller abspielt. Bennell kennt den furchterregenden Ausgang der Geschichte. Mit dem Blick in seine jüngste Vergangenheit hofft er, die Auswirkung steuern zu können, die der von ihm erlebte Ausbruch in der Zukunft haben könnte.

Nach einem zweiwöchigen Forschungsaufenthalt in seine Heimatstadt Santa Mira zurückgekehrt, fällt ihm sofort auf, dass während seiner Abwesenheit die Stadt von einer bösartigen Kraft eingenommen wurde. Einige seiner Patienten sind davon überzeugt, dass die ihnen nahestehenden Personen nicht mehr sie selbst seien und durch fremde Wesen ausgetauscht wurden. Der Unterschied lässt sich nicht in ihrer äusseren Erscheinung festmachen, sondern daran, dass ihnen etwas fehlt. Sie zeigen keine Emotionen. Der Psychiater, mit dem sich Bennell bespricht, meint lakonisch, es würde sich um eine ansteckende Massenhysterie handeln. Ein naheliegender Grund für diese Wahnvorstellung sei die Sorge über alles, was momentan in der Welt passiere: Eine Chiffre für jene paranoide Kultur, die sich zu Zeiten des Kalten Kriegs in der amerikanischen Öffentlichkeit ausgebreitet hatte. Tatsächlich aber entpuppt sich diese kollektive Angst als Reaktion auf eine zweite Infektion, die sich ebenfalls wie ein Virus ausbreitet. Ausserirdische Wesen haben Schoten, in denen Replikate der Einwohner ausgebrütet werden, in der Stadt versteckt. Sobald das genaue Ebenbild jeweils fertig ist, findet im Tiefschlaf eine Seelen- und Gedächtniswanderung statt. Dem Drehbuch von Daniel Mainwaring ist daran gelegen, nur eine diffuse Erklärung für den Ursprung dieser ansteckungsbedingten Verwandlung anzubieten. In den Vordergrund gerückt wird vielmehr, dass es sich um eine unbegreifliche und bösartige Erkrankung handelt, die umso bedrohlicher ist, als die Schoten, die es Bennell zu zerstören gelingt, sich sofort wieder duplizieren. Bald ist die ganze Stadt nur noch mit Mutanten bevölkert.

Als *Invasion of the Body Snatchers* 1956 herauskam, wurde der Film als Kritik am wirtschaftlichen Aufschwung der Nachkriegszeit verstanden. In den Schotenmenschen sah man das Zerrbild einer politisch betäubten Bevölkerung, die – ganz dem Konsumzwang angepasst – ihre Individualität und ihre Eigenverantwortung verloren hatte. Diese gänzlich konformen neuen Menschen sind von keinen Sorgen geplagt, nichts trübt ihre Gedanken. Streit ist ihnen fremd. Sie sind einzig von der Idee besessen: alle müssen werden wie sie. Der Film unterstützt aber zugleich eine politische Verschwörungstheorie, die ihren Ursprung im rechten politischen Flügel hat. In den Schotenmenschen findet jene diffuse Angst vor einer kommunistischen Infiltration Gestalt, vor der die Untersuchungen des vom Kongress eingesetzten Komitees für unamerikanische Umtriebe (HUAC) in den frühen 50er-Jahren unter der Ägide von Senator McCarthy wiederholt warnte. Die unheimlichen Menschen, die keine Abweichungen dulden, entsprechen der paranoiden Vorstellung, es wären im Landesinnern Schläfer gezüchtet worden, die sich als gewöhnliche Amerikanerinnen und Amerikaner tarnen, um das ganze Land mit ihrer viralen politischen Haltung anzustecken. Auch die dystopische neue Welt, um die es in dieser Lesart geht, basiert auf der Angst vor einem allumfassenden Konformismus. In diesem Fall betrifft sie einen als Gleichmacherei verstandenen kollektiven Gleichmut. In dieser Welt sind alle glücklich, weil ihnen der Drang nach individualistischer Selbstbestimmung fehlt. Für jenes Streben nach Glück, das die amerikanische Verfassung allen Bürgern verspricht, ist nämlich ein gewisses Mass an Unzufriedenheit Voraussetzung. Ansonsten würde man sich nicht immerfort mit der eigenen Selbstverbesserung beschäftigen.

Die Rückblende des Arztes mündet in einer Szene, welche die Dringlichkeit der Warnung vor einer politischen Epidemie auf den Punkt bringt. Verzweifelt läuft Bennell zwischen den Autos hin und her, die auf dem Highway am Stadtrand an ihm vorbeirasen, doch niemand hält an. Er ist das Individuum par excellence, das sich mit letzter Kraft gegen eine virale Indoktrinierung auflehnt – ob Konsumzwang oder intellektuelle Gleichschaltung. Die patriotische Sentimentalität, die *Invasion of the Body Snatchers* bedient, hat zugleich mit der Frage des Vorbereitetseins zu tun, die auch die Epidemiologen beschäftigt. Das Ausmass an Widerstand, das Dr. Bennell an den Tag legt, trifft auf kuriose Weise mit der Einsicht von Soderberghs Leiter des CDC überein: Eine Überreaktion ist grundsätzlich besser, als im Nachhinein einsehen zu müssen, dass man nicht genug getan hat, um die nationale Sicherheit zu wahren und das menschliche Individuum zu retten. Die Rahmenhandlung der Filmgeschichte birgt zugleich auch Hoffnung, die für den Pandemiefilm ebenfalls charakteristisch ist. Ein Lastwagen, der unterwegs ist, um eine Ladung der Schoten in eine Nachbarstadt von Santa Mira zu transportieren, hat einen Verkehrsunfall. Die dadurch enthüllte Fracht überzeugt den Kollegen, dem sich Miles Bennell anvertraut hatte, dass es sich bei seinem Bericht nicht um eine Wahnvorstellung handelt. Diese Figur der Vernunft, der auch die anderen, bislang zweifelnden Ärzte im «Emergency Hospital» vertrauen, erkennt den Notfall und lässt sofort das FBI rufen.

Egal, welche Botschaft man dem Film zuschreibt, die virale Infektion dient als Denkbild für einen politisch begriffenen Sinneswandel, der eine nationale Bedrohung darstellt. Indem sich die Infektion durch die Mutation des Wirts körperlich ausdrückt, wird zugleich auch sichtbar, wie sie den Gesellschaftskörper angreift. Das Stadtbild wandelt sich drastisch. Es ist nicht mehr der Schauplatz demokratischer Diversität. Dabei dient die materielle Greifbarkeit des Orts der Übertragung – die Schoten – einer rhetorischen Entlastungsgeste. Hat man sich erst einmal auf die Warnung eingelassen – so paranoid sie auch wirken mag –, lässt sich die ausserirdische Gefahr auch ausrotten. Sie sowie die politischen Konsequenzen, die ihr Ausbruch mit sich brachte, erweisen sich somit als grundsätzlich überwindbar.

Auch im zweiten Strang des *outbreak narrative,* für den Elia Kazans *Panic in the Streets* (1950) als Ursprung gilt, läuft die Handlung auf eine Bewältigung der Gefahr hinaus, nur bildet sich hier in diesem Kampf gegen das tödliche Virus eine doppelte Front. Die Ansteckungsgefahr kommt diesmal nicht wie in vielen darauffolgenden Pandemiefilmen aus dem Weltall.

Vielmehr bringt ein Immigrant slawischer Abstammung, der mit dem Frachtschiff «Nile Queen» im Hafen von New Orleans angekommen ist, zusammen mit seiner Schmuggelware auch die Pest an Land. Kurz darauf wird er vom Boss seiner Gangsterbande erschossen und landet als anonyme Leiche auf dem Seziertisch des Gerichtsmediziners. Weil dieser die Krankheitssymptome sofort erkennt, lässt er Dr. Clint Reed, Beamter des US Public Health Service (PHS), in die Leichenhalle rufen.

Die Untersuchung dieses Mordfalls erweist sich zugleich als epidemiologische Spurensicherung. Die Dringlichkeit, diesen Fall aufzuklären, ist dadurch verschärft, dass nicht nur der Mörder wahrscheinlich angesteckt wurde, sondern auch alle anderen, die mit dem Patienten null in Kontakt waren. Es gilt, die Infizierten so schnell wie möglich ausfindig zu machen und zu behandeln, um die Verbreitung der Infektion aufzuhalten, bevor sich daraus eine Pestepidemie entwickeln kann. Von zwei Seiten wird dieser Kampf gegen das Virus durch Hindernisse erschwert. Weil der von Gier getriebene Gangsterboss meint, ein Verbündeter des Verstorbenen wisse, wo die Schmuggelware verborgen liegt, setzt er alles daran, dessen Erkrankung geheim zu halten. Er hofft, noch vor der Polizei den Mann zu finden und mit der Beute aus New Orleans fliehen zu können. Dadurch, dass er die Infektion nicht meldet, hilft er aber unwissentlich mit, dass sich diese weiter ausbreiten kann. Gleichzeitig bedroht die Forderung der Presse, von dem Pestausbruch berichten zu dürfen, eine Eindämmung der Krankheit. Frustriert ruft Dr. Reed den Bürgermeister und dessen Mitarbeiter zusammen mit den Journalisten zu einem nächtlichen Treffen in einen Park. Alarmistisch warnt er sie davor, die Ansteckungsgefahr publik zu machen. Dies würde dazu führen, dass eine in Panik geratene Bevölkerung zuhauf die Stadt verlässt und somit die Pest im ganzen Land verbreitet.

Was im ersten Augenblick wie Zensur erscheint, erweist sich als delikater ethischer Balanceakt, der für das Pandemiekino ebenfalls charakteristisch ist. Das Recht der Presse, die Einwohner der Stadt von der ihr drohenden Gefahr zu informieren, hält nicht nur der Notwendigkeit, die öffentliche Gesundheit zu schützen, die Waage. Die partikularen Interessen einer Gemeinde werden gegen die gesamte nationale Sicherheit ausgespielt. Beharrt der Journalist darauf, er habe gegenüber seinen Leserinnen und Lesern eine Verantwortung, entgegnet ihm der Arzt, man könne sich nicht erlauben, die Infektion als ausschliesslich lokale Frage zu behandeln. Wie ihm sei es auch der Pest möglich, New Orleans heute zu verlassen und morgen in Afrika zu sein. Die globale Vernetzung und nicht die Aufklärung eines Mords ist für ihn der Beweggrund, alles daranzusetzen, die anderen infizierten Kleinkriminellen ausfindig zu machen. Die Informationssperre, die Dr. Reed sich für wenige Stunden ausbedingen kann, kommt einer geheimen Abriegelung der Stadt gleich. So politisch zwiespältig sie auch sein mag: seine Überreaktion zahlt sich aus. An der Person des Gangsterbosses, der schliesslich im Hafen von New Orleans gestellt werden kann, noch bevor es ihm gelingt, auf die «Nile Queen» zu flüchten, kann in einem Zug sowohl die Schmuggelei als auch die Pest unschädlich gemacht werden.

*

Als zu Zeiten der Regierung unter Präsident Nixon der Kalte Krieg in einem ganz realen militärischen Gemetzel in Südostasien mündet, geht die als virale Infektion gestaltete Gefährdung nationaler Sicherheit hingegen nicht mehr von Kleinkriminellen aus, sondern von Schurkerei im Herzen des Verteidigungsministeriums selbst. Im Zentrum von *The Andromeda Strain* (1971) steht ein Unfall in einem mit bakteriologischer

Kriegsführung befassten Projekt des Raumfahrtprogramms namens «Wildfire». Ein Satellit, der im Weltall Mikroorganismen für biologische Waffen hätte einfangen sollen, stürzt am 5. Februar 1971 über einem kleinen Dorf in New Mexico ab und führt eine ansteckende ausserirdische Mikrobe in die USA ein. Beobachter in einem nahe liegenden Luftwaffenstützpunkt schicken zwei Männer nach Piedmont, um den beschädigten Flugkörper zu bergen. Im Dorf finden sie Menschen vor, die der Tod mitten im Alltag ereilt hatte.

Die Rahmenerzählung ist für den ethischen Konflikt, den Robert Wise in seinem Politthriller ins Blickfeld rückt, einmal mehr entscheidend. Wegen seiner Mitarbeit am geheimen Raumfahrtprogram «Wildfire» muss Dr. Jeremy Stone sich vor einem Ausschuss des Senats in einer geschlossenen Anhörung verantworten. Der Umstand, dass er nachträglich seine Zeugenaussage macht, deutet darauf hin, dass die biologische Krise überwunden worden ist. Zugleich steht von Anfang an eine andere offene Frage im Raum: Darf im Namen der nationalen Sicherheit Forschung betrieben werden, die, wenn etwas Unvorhergesehenes passiert, selbst zur nationalen Bedrohung wird? In diesem Drehbuch setzt die tödliche Pandemie im Landesinnern, die es zu verhindern gilt, als Denkbild die ausserirdische Mikrobe mit einer selbst erzeugten biologischen Kriegswaffe gleich. Es gelingt dem Regisseur mithilfe der Rückblende seines fiktiven Wissenschaftlers, einen kritischen Blick auf die toxischen Kollateralschäden zu lenken, die eine Erforschung ausserirdischer Lebensformen birgt.

Am dritten Tag nach jenem Unfall finden sich Dr. Stone und sein Team in einem geheimen Labor für Mikrobiologie in Nevada zusammen. Dort untersuchen sie – wie für die Erzählformel des Pandemiefilms typisch – ein ausserirdisches Lebewesen, das beim abgestürzten Satelliten gefunden wurde.

Erst die Kinobilder können über die Vergrösserungsmacht der Computergrafik sichtbar machen, was das menschliche Auge nicht sieht: Wie die grünen Flecken dieser fremden Materie sich entwickeln, sich aufspalten und mutieren. Nicht *wo* dieser Organismus herkommt, noch *wie* er ins Land eingeführt wurde, ist für das Forscherteam die Frage, sondern unter welchen Bedingungen er wachsen kann. Auch hier gilt vor allem, eine Ausbreitung über das ganze Land zu verhindern. Deshalb unterbreitet Dr. Stone dem Präsidenten den Vorschlag, das verseuchte Dorf Piedmont mittels nuklearer Explosion zu zerstören. Nicht aber weil dieser zögert, findet die Bombardierung auf amerikanischem Boden *nicht* statt, sondern weil das Forscherteam früh genug begreift, dass ein solcher gezielter Abschuss als Nährboden fungieren würde. Die Detonationswelle würde genug Kraft erzeugen, um die verstreuten Bakterien zu einer *super colony* ansteigen zu lassen; einer gigantischen Giftwolke, welche die tödliche Krankheit noch extensiver über das ganze Land und darüber hinaus verbreiten würde.

In *The Andromeda Strain* stört kein krimineller Schurke die Untersuchung; stattdessen rückt das Drehbuch den morschen Kern ins Blickfeld, der dem Projekt «Wildfire» innewohnt. Eine Technikerin im Labor hatte Dr. Stone erklärt, dass man seit Monaten mit freiwilligen Teilnehmerinnen und Teilnehmern Simulationen von biologischen *war games* durchgeführt habe. Bald darauf entdecken sie auf den Bildschirmen des Computers, mit dem sie die Wachstumsrate des eingefangenen Organismus neu berechnen wollen, Landkarten für biologische Kriegsführung. Noch sind es lediglich defensive Szenarien. Sinn und Zweck der Simulationen, die seit Längerem in diesem Geheimlabor stattfinden, ist es, Krieg mit biologischen Waffen, die im Weltall geerntet wurden, führen zu können. Der Erregerstamm, den zu analysieren Dr. Stone und sein Team gerufen wurden, ist schon längst unter dem Codenamen «Andromeda» programmiert worden. Es fehlt nur der richtige ausserirdische Organismus, um aus einer fiktiven Simulation eine reale militärische Intervention zu machen. Die biomedizinische Untersuchung der Forscher ist somit auch in diesem Drehbuch mit einer forensischen verschränkt. Dr. Stone und sein Team entdecken nicht nur ein Gegenmittel, das es ihnen erlaubt, eine weitere Ausbreitung dieser partikularen Infektion zu verhindern, sie entdecken auch die kriminellen Konsequenzen, die ein klandestiner Nebenzweig des Raumfahrtprogramms bereits in der Vergangenheit hatte.

Die kritische Pointe dieses Pandemiethrillers besagt: Es mag zwar sein, dass die Kriegslandkarten lediglich die Zerstörung aufzeichnen, die der Andromedastamm bewirken könnte, würde er in die Hände eines Feindes geraten. Der Unfall in Piedmont aber macht eine andere Gefahr sichtbar: Der Tod der Einwohner eines ganzen Dorfs ist der Kollateralschaden eines militärischen Experiments, den die amerikanische Regierung der eigenen Nation selbst bereits zugefügt hat. Das tückische Verhältnis zwischen Simulation und realen Konsequenzen betrifft auch die prophetische Wette des Films. Die vorgängige analytische Modellierung möglicher Kriegsszenarien des «Wildfire»-Programms war die Voraussetzung dafür, dass der Satellit überhaupt in den Weltraum geschickt wurde. Was hingegen auf der Kinoleinwand als prophetische Warnung nachgezeichnet wird, ist ein fiktives Szenarium, in dem eine Simulation zu einem realen Angriff auf die eigene Bevölkerung ausartet. Das ethische Dilemma, das der Einsatz von Seuchen als militärische Waffen aufwirft, steht bis zum Schluss im Raum. Dem Senatsausschuss versichert Dr. Stone zwar, die biologische Krise sei überwunden – das Projekt «Wildfire» allerdings geht weiter.

Die Erforschung ausserirdischer Organismen gibt keine Garantie, dass eine biologische Krise nicht wieder eintreten könnte. Eigentlich stellt sie genau diese Möglichkeit sicher – wenn nirgends sonst, dann auf der Kinoleinwand. *Outbreak* (1995) bietet eine Fortsetzung dieser Erzählformel, die das aus dem Kalten Krieg geerbte Misstrauen gegenüber dem Militär noch zuspitzt. In der Amtszeit von Bill Clinton angesiedelt, wirkt hier auch weiterhin das Denkbild eines Kampfs an zwei Fronten – gegen ein ausländisches Virus und gegen Schurken im Herzen des Führungsstabs. Das berühmte Zitat von Molekularbiologe Joshua Lederberg, das Wolfgang Petersen als Motto seinem Pandemiethriller voranstellt, bringt diesen doppelten Widerstreit auf den Punkt: «Viren sind die einzigen Rivalen um die Herrschaft über unseren Planeten.» Nur lässt der Regisseur den zweiten Teil der Aussage weg, in dem der Nobelpreisträger hinzufügt: «Wir müssen auf Draht sein, um mit ihnen Schritt zu halten.» Die ethische Problematik, um die es auch in diesem Drehbuch geht, betrifft weniger einen Rückstand in der virologischen Forschung als die Ansprüche auf politische Überlegenheit, welche diese nährt.

Statt mit einer Rahmenerzählung beginnt *Outbreak* mit einer Einblendung der Vorgeschichte. Im Juli 1967 ist in einem Söldnerlager im Motaba River Valley in Zaire eine unbekannte Viruserkrankung ausgebrochen. Zwar versprechen die beiden amerikanischen Ärzte McClintock und Ford, die mit einem Hubschrauber eingeflogen wurden, so bald wie möglich medizinisches Material mit Fallschirmen abwerfen zu lassen. Nachdem sie von einem erkrankten Amerikaner eine Blutprobe genommen haben, lassen sie aber stattdessen das Dorf mit Feuerbomben zerstören. Nur so können sie ihre gefährliche Beute geheim halten. Knappe dreissig Jahre später sind die beiden zu bedeutenden Führungspersonen im US Army Medical

Research Institute of Infectious Diseases (USAMRIID) in Fort Detrick geworden, wo sie die Blutprobe erfolgreich zur Erforschung von biologischer Kriegsführung eingesetzt haben. Dann bricht im Motaba Valley das Virus wieder aus. Diesmal hilft das Abbrennen des Dorfs nicht, die Ansteckungsgefahr auf das Tal in Zaire einzugrenzen. Ein weiblicher Affe aus dem nahe gelegenen Wald wird von einem Jäger eingefangen und auf der «Tae Kuk Seattle» im Hafen von San Jose, Kalifornien, an Land gebracht. Wenige Tage später entpuppt sie sich als *superspreader.*

Wie in *The Andromeda Strain* müssen sich auch in diesem Drehbuch der Virologe Dr. Daniels und sein Team gegen zwei feindliche Kräfte durchsetzen: Das tödliche Motabavirus einerseits, und die skrupellosen Befehlshaber Major General Donald McClintock und Brigadier General Billy Ford andererseits. Weil diese ihr Geheimnis um jeden Preis bewahren wollen, geben sie selbst dann nicht zu, dass sie ein Serum einwickelt haben, nachdem eine Infektion im kalifornischen Cedar Creek ausgebrochen ist. Im Gegensatz zu *Contagion* bietet Petersen keine Simulation davon, wie eine globale Verbreitung eines tödlichen Virus aussehen könnte, noch liegt sein Fokus primär auf der epidemiologischen Arbeit, ist doch der Ursprungsort bekannt. Vielmehr lenkt er unsere Aufmerksamkeit darauf, was passiert, wenn eine biologische Waffe nicht im feindlichen Russland zum Einsatz kommt, sondern in einer kleinen Stadt an der kalifornischen Küste. Dass der Ausbruch in einem Filmtheater einsetzt, ist bezeichnend. Das Genrekino hat sich im Lauf des 20. Jahrhunderts als fruchtbarer Denkraum gezeigt, in dem sich Geschichten, Bilder und Figurenkonstellationen nicht nur viral verbreiten, sondern auch mutieren können. Greifen Vampir- und Zombiefilme auf das Übernatürliche zurück, um mithilfe von magischem Denken

Seuchen zu erklären, bedient der Pandemiefilm das Gleichnis zwischen dem Ausbruch eines Virus und einer kriegerischen Invasion.

Zwei gegensätzliche Vorstellungen davon, was die angemessene Art wäre, eine weitere Verbreitung diese Erkrankung zu verhindern, prallen dramaturgisch aufeinander. Der Virologe und sein Team müssen im Wettlauf gegen die Zeit den ursprünglichen Träger ausfindig machen, um mithilfe des Bluts der Äffin einen Impfstoff entwickeln zu können. Die beiden Generäle hingegen nutzen das Schreckgespenst einer Pandemie, die sich über das ganze Land ausbreiten könnte, um einen Ausnahmezustand auszurufen. Sie schicken Militäreinheiten in die Stadt, die eine komplette Abriegelung gewährleisten, und deklarieren diese zum Kriegsgebiet. Diejenigen, die zu fliehen versuchen, werden erschossen. Es gelingt ihnen zudem, Politiker im Weissen Haus, die sich anfangs noch kritisch zeigen, davon zu überzeugen, als Bekämpfung des Virusausbruchs einen Brandbombenanschlag auf die Küstenstadt zu verüben. Wie die amerikanischen Söldner im afrikanischen Lager Dekaden zuvor sind auch die Einwohner von Cedar Creek vermeintlich entbehrlich.

Der von Donald Sutherland lustvoll zynisch gespielte Erzschurke McClintock wirft jene ethische Frage auf, die der viel vertrauenswürdigere Arzt in *Panic in the Streets* bereits vorgebracht hatte: Was hat während einer Pandemie Vorrang – globales Mitgefühl für die ganze Nation oder örtliches Erbarmen für eine einzige Stadt? Für McClintock, der Politik nur als eine Fortführung von Krieg mit anderen Mitteln versteht, sind diese Landsleute im Hinblick auf das Massensterben, das verhindert werden kann, vertretbare Verluste. Ebenso um die nationale Sicherheit zu gewährleisten, will er die perfekte biologische Waffe, die er entwickelt hatte, nicht preisgeben.

Petersens prophetische Filmsimulation macht nicht einen Mangel an Vorbereitetsein, sondern dessen Exzess sichtbar; er entlarvt eine paranoide Einsatzbereitschaft als politisches Verbrechen. Es gehört zu der ambivalenten Hoffnung, mit der auch *Outbreak* uns entlässt, dass, im Gegensatz zum Lager in Afrika, die kalifornische Stadt gerettet wird. Dem Virologen gelingt es rechtzeitig, ein Serum herzustellen, und Ford, der bislang seinem Verbündeten treu zur Seite stand, hat in letzter Minute einen Gesinnungswandel und enthebt McClintock seines Kommandos. Diese dramaturgische Auflösung erinnert ebenfalls an *Panic in the Streets*. Um das Ansehen des Militärs zu retten, muss der Schurke zusammen mit dem Virus getilgt werden. So ist nur er allein verantwortlich, nicht aber das Militär.

*

Der Erzählstrang des Pandemiekinos, der einen Virusausbruch als fremde politische Intervention begreift, erfährt ebenfalls am Anfang des 21. Jahrhunderts eine Mutation. Oliver Hirschbiegels *The Invasion* (2007) greift die dystopische Vision der beiden Versionen von *Invasion of the Body Snatchers* auf (Philip Kaufman hatte den Stoff im Jahr 1978 mit Donald Sutherland in der Hauptrolle ebenfalls verfilmt). Die Fantasie, ein ausserirdischer Organismus würde die Menschen ihrer menschlichen Affekte berauben, erfährt eine Nachreife, die noch mehr die Frage eines politischen Übergriffs in den Fokus rückt. Schauplatz ist zudem keine fiktionale kalifornische Kleinstadt, sondern Washington, D.C., die Hauptstadt der Nation. Diametral entgegengesetzt zu *Contagion* ist der Leiter des CDC der Erste, der von der Grippepandemie angesteckt wird. Nach seiner Verwandlung wird er sein Amt dafür einsetzen, um alle um ihn herum mit seiner verseuchten Spucke zu infizieren.

Innert kürzester Zeit gelingt es ihm, eine Schar Gleichgesinnter zu erzeugen. So trifft das Misstrauen in diesem Drehbuch, das die schicksalhafte Verwüstung des Hurrikans Katrina als Hintergrund bedient, nicht das Militär. Unter Verdacht steht vielmehr jene staatliche Stelle, die für die Gesundheit der Einzelnen wie auch die des Gemeinwesens verantwortlich ist.

Wie seine Filmvorgänger setzt auch *The Invasion* auf den Widerstandswillen des uramerikanischen Individualismus, nur ist es in diesem Fall die von Nicole Kidman gespielte Carol Bennell, die frühere Ehefrau des CDC-Leiters, die bemerkt, dass die Menschen um sie herum keine Emotionen mehr zeigen. Ist aus dem Arzt der Filmvorlage eine Psychiaterin geworden, hat sie zudem einen Verbündeten an ihrer Seite. Dr. Stephen Galeano, ein afroamerikanischer Biologe, findet im Zuge seiner Forschungsarbeit in seinem Labor in Fort Detrick heraus, dass es sich bei der Grippepandemie um virusähnliche Zellen handelt, die, nachdem sie in den Körper eines Erkrankten eingedrungen sind, im REM-Schlaf die DNA neu programmieren. Symptom dieser genetischen Umschrift ist das Tilgen jeglicher gewaltsamen Affekte. So erlaubt auch hier ein Virusausbruch dem Regisseur, eine politische Dystopie zu simulieren. Während eines Galadinners hatte der russische Botschafter versucht, Carol von einer Definition des Menschseins zu überzeugen, deren Kehrseite bald darauf als Resultat der Seuche augenfällig wird. Als hätte er Freuds «*Zeitgemässes über Krieg und Tod*» vor Augen, beharrt er darauf: Anstand und Höflichkeit verstecken lediglich unmoralische Instinkte, Rivalität, Ausnutzung und Eigennutz. Eine zivilisierte Welt ist zu den schrecklichsten Verbrechen und Gräueltaten fähig. Sich eine Welt ohne Gewalt und Krieg vorzustellen, hiesse, sich eine Welt auszudenken, in der die Menschen aufgehört haben, Menschen zu sein. Die emotionslosen Wesen, die sich auf den Strassen von Washington, D.C., bald ausbreiten, stellen diese von menschlichen Affekten entleerte Welt zur Schau.

Wie im Originalfilm ist allerdings bei den Erkrankten nicht jeglicher Gewaltsinn ausgeschaltet. Kann auch in dieser Verschwörungsfantasie die neue Welt nur eine totalitäre sein, verschreibt das CDC einen Impfstoff, der die breite Bevölkerung infiziert. Nachdem die Mutanten zusammen mit anderen politischen Behörden auch die Polizei übernehmen, wird zudem erbarmungslos jeder festgenommen, der noch Emotionen zeigt. So erweist sich noch virulenter als in der Filmvorlage als zweites Symptom dieses Virusausbruchs die Machtergreifung eines Polizeistaats, der seine politische Gewalt als schützende Quarantäne der Hauptstadt tarnt. Ein kleines Detail bringt diesen kollektiven Gesinnungswandel in Zusammenhang mit dem Sicherheitswahn der Bush-Regierung nach dem 11. September 2001. In einer Szene springt ein verzweifeltes Paar, weil es eine Festnahme befürchtet, Hand in Hand von einem Hausdach; eine explizite Anspielung auf die schrecklichen Aufnahmen, die damals von den springenden Menschen der Twin Towers verbreitet wurden. Die Passantin auf der Strasse, die ihr Entsetzen kundgibt, wird gewaltsam entfernt. Weitere Anspielungen an reale politische Ereignisse finden sich in dem Film *The Invasion* in diversen manipulierten Fernsehbildern. Diese zeigen, welche Konsequenzen die globale Ausbreitung eines Impfstoffs hätte, der jegliche menschlichen Aggressionen ausschaltet: In Kabul legen die Gegner die Waffen nieder. In Bagdad jubelt die Menge beim Abzug der amerikanischen Streitkräfte. Nordkorea unterzeichnet mit seinem Nachbarn einen Friedensvertrag. Zusammen mit George W. Bush unterschreibt Hillary Clinton den Entwurf eines allgemeinen Krankenversicherungsgesetzes. Auch in

Darfur kommt es zu einem Waffenstillstand. Eine harmonische Welt ohne Krieg, Armut und Elend wird als virale Gleichschaltung imaginiert.

Der unermüdliche Einsatz von Dr. Galeano in seinem Labor in Fort Detrick lässt ihn ein Immunitätsgen entdecken. Der Ort, an dem im Kalten Krieg noch an bakteriologischen Kriegswaffen geforscht wurde, dient nun einer anderen Art nationaler Verteidigung. Ein Jahr später ist dank seiner biomedizinischen Forschungen die Pandemie zu Ende. Weltweit ist die Bevölkerung geheilt und gegen die Infektion immun. Streit, Unruhe und Krieg sind allerorts zurückgekehrt. Es ist, als wolle der Film *The Invasion* die Einsicht Freuds in die ubiquitäre Kraft eines Aggressionstriebs zuspitzen. In «*Zeitgemässes über Krieg und Tod*» beharrt der Psychoanalytiker auf dem Widerspruch: «Menschen begehen Taten von Grausamkeit, Tücke, Verrat und Rohheit, deren Möglichkeit man mit ihrem kulturellen Niveau für unvereinbar gehalten hätte.» Der beim zivilisierten Menschen barbarisch wirkende Aggressionstrieb kann zwar sublimiert, nie aber ganz ausgerottet werden. Am Ende seiner Gedanken, in denen er sich mit der Enttäuschung auseinandersetzt, die der Ausbruch des Ersten Weltkriegs hervorgerufen hat, hält Freud fest: «Wenn du das Leben aushalten willst, richte dich auf den Tod ein.» Man könnte dies aber im Hinblick auf die Botschaft, die das Pandemiekino für uns hat, weiter ausführen: Wenn du das Leben aushalten willst, richte dich in doppelter Hinsicht auf die menschliche Versehrtheit ein; auf die Verwundbarkeit, die dem irdischen Dasein unwiderrufbar innewohnt, aber auch auf den Schmerz, den Menschen sich in ihrer Koexistenz zufügen.

Die Hoffnung, die Fernando Meirelles in seinem Pandemiefilm *Blindness* ein Jahr später anbietet, ist ebenso prekär. Das Drehbuch basiert auf dem Roman *Die Stadt der Blinden* von

Nobelpreisträger José Saramago. Die Erblindungen, die sich in einer namenlosen Stadt ausbreiten, sind nicht als realistische Erkrankungen zu lesen. Der Arzt, der den Patienten null untersucht, einen jungen japanischen Geschäftsmann, kann keine Verletzung dessen Auges feststellen. Der Verlust der Sehkraft ist vielmehr als allegorisches Sinnbild für ein soziales Experiment zu verstehen: Was machen Menschen, die sich unerwartet in einer Situation befinden, in der sie auf engem Raum aufeinander angewiesen sind, obgleich sie sich nicht kennen? Denn bald befindet sich der ebenfalls erblindete Arzt nicht nur mit einigen seiner Patienten, sondern auch einer Schar fremder Leute in Quarantäne. Ausgewählt dafür wurde eine verwahrloste Irrenanstalt, in der die Erkrankten ganz auf sich allein gestellt sind. Die Verbreitung von etwas Schädlichem aufgrund einer gegenseitigen Berührung, die in dem Wort *contagion* steckt, bekommt dadurch, dass eine geteilte Krankheit den Inhaftierten ein Leben miteinander aufoktroyiert, eine schillernde Färbung. Die Inhaftierten müssen nicht nur lernen, sich ganz auf ihre anderen Sinne zu verlassen, sondern auch, einen gemeinschaftlichen Alltag der Ausnahmesituation miteinander zu gestalten.

Einzig die von Julianne Moore gespielte Gattin des Arztes hat ihre Sehkraft behalten. Ist sie aus Sorge um ihren Mann mitgegangen, entwickelt sie sich zur Personifizierung der Umsicht. Sie allein kann sehen – und wir mit ihr –, wie sehr mit jedem Tag die Welt der Erkrankten zunehmend auf das pure Überleben reduziert wird. Es gibt keinen Telefonkontakt zur Aussenwelt. Die Sanitätsartikel reichen nicht aus. Es sammelt sich immer mehr Müll und Schmutz in den Räumen des Spitals. Die Verpflegung, die von aussen geliefert wird, reicht nicht aus. Nachdem sich in einer anderen Station eine Gangsterbande herausbildet, die alle Insassen tyrannisiert, ist die Gattin des Arztes auch die Einzige, die im doppelten Sinne eine Vision hat. Die kollektive Erblindung ist für sie ein Glücksfall: Wurde sie als frustrierte Ehefrau eingeführt, die abends zu viel Rotwein trinkt, weil ihr Mann ihr kaum Beachtung schenkt, ist sie es – ihr Blick und ihre Einbildungskraft –, von der alle anderen jetzt abhängen.

Es geht somit in *Blindness* weder darum, die globale Ausbreitung einer Pandemie zu simulieren, noch darum, eine bösartige Kraft – im Verteidigungsministerium, in der kriminellen Unterwelt oder dem Weltall – in Verantwortung zu ziehen. Wer für die Vernachlässigung im Krankenlager verantwortlich ist, wird nicht gezeigt; nur die blinde Durchführung eines Gesetzes der Ausgrenzung von einem anonymen paramilitärischen Personal. In den Fokus rückt vielmehr die Gier der Kleinkriminellen, die Ausnahmesituation zu ihren Gunsten auszuschlachten und die anderen Insassen ihrer wenigen Besitztümer zu berauben wie auch zu sexuellen Diensten zu zwingen. Suspendiert zwischen dem verlorenen Wohlbefinden von gestern und einem unsicheren Morgen, entwickelt sich zugleich um den Arzt und seine Gattin eine unerwartete Solidarität. In dieser prekär gezeichneten Jetztzeit lässt sich eine Verwandtschaftsbeziehung zwischen Fremden bilden. Zu dieser Gruppe gehörten neben dem japanischen Patienten null und seiner Partnerin auch ein älterer Mann mit einer schwarzen Augenklappe und ein Callgirl, das sich ihm liebevoll verbunden fühlt.

Nachdem im Spital ein Feuer ausbricht, kann die Gattin des Arztes die kleine Gruppe Verbündeter endlich aus ihrer Gefangenschaft hinausführen und sie sicher durch das Chaos, das sich inzwischen auf den Strassen der Stadt ausgebreitet hat, in ihre frühere Wohnung geleiten. Dort sind sie vor den vielen Obdachlosen, die aus Verzweiflung alle herrenlosen

Gebäude ausplündern, in Sicherheit. Die gesittete Mahlzeit, die sie zum ersten Mal seit langer Zeit an ihrem Esstisch miteinander zu sich nehmen, ist Sinnbild einer Gemeinsamkeit, deren Seltenheitswert sich durch die Entbehrungen ergibt, die sie zusammen durchgestanden haben. Auf diese provisorische Familie stossen sie mit sprudelndem Mineralwasser in Champagnergläsern an. Dann kann plötzlich am nächsten Morgen der junge Japaner wieder sehen. Aus dem Off spricht der von Danny Glover gespielte Mann mit der Augenbinde die Erwartung an, die sich in diesem Moment unter ihnen verbreitet: Sie könnten nicht nur alle ihr Augenlicht wiedergewinnen, sondern würden diesmal wirklich sehen. Nur er hält an der Decke der Blindheit zaghaft fest, weil er die Intimitäten, die der kollektive Verlust der Sehkraft ihm geschenkt hat, zu verlieren fürchtet. Er spürt, dass er in seinem Bangen nicht ganz allein ist. Schweigsam ist die Gattin des Arztes an ihm vorbei auf den Balkon ihrer Wohnung gegangen. Bald wird sie nicht mehr allein die Verantwortung für alle tragen müssen. Diese Freiheit aber ist gänzlich unbestimmt. Wird ihr Mann, von seiner Arbeit absorbiert, einem Schotenmenschen ähnlich, sie wieder übersehen? Wird sich die Vertrautheit, die sich unter ihnen gebildet hat, in der Hektik des wiedergewonnen Alltags erneut zerschlagen?

Zuerst fällt ihr Blick auf einen gänzlich weissen Himmel, und für einen Augenblick dürfen wir befürchten, sie sei nun erblindet. Dann schaut sie nach unten, auf eine wiedererblühte Stadt. Das offene Ende betrifft jene Unsicherheit, die mit dem Ende eines jeden Lockdowns einhergeht. Was heisst es, aus einem Ausnahmezustand zu erwachen? Hat man in dieser Auszeit etwas gelernt? Hat sich der Blick auf die Welt, die Haltung im Hinblick auf eine überwundene Katastrophe geändert? Oder wird man die Angst, die Entbehrungen, aber eben auch die ungewohnten und ungewöhnlichen Intimitäten wieder vergessen? Wird man sich einmal mehr in der wiedergewonnenen Normalität zerstreuen, sodass man nichts ausser den kleinen, selbstbezogenen Ausblick auf die Welt wahrnimmt?

Danny Glovers Stimme aus dem Off, mit der er am Ende von *Blindness* die Frage eines anderen Sehens aufwirft, macht deutlich: Ihm gebührt die Deutungshoheit über das, was im Verlauf dieser Pandemie vielleicht geschehen ist. Es ist überhaupt auffällig, dass nicht nur in George A. Romeros *Dawn of the Dead* die Figur, die nie die Fassung verliert und als einziger Mann das Abenteuer in dem von Zombies besetzten Warenhaus überlebt, von dem afroamerikanischen Schauspieler Ken Foree gespielt wird. Überhaupt werden in den Pandemiefilmen seit den 70er-Jahren die Figuren, die umsichtig handeln, achtsam sind und Lösungen finden oder sich als besonders resilient erweisen, von afroamerikanischen Stars besetzt: In *The Andromeda Strain* ist es die von Paula Alma Kelly gespielte Laborassistentin, die als Erste Dr. Stone von den *War-game*-Simulationen erzählt, die im Projekt «Wildfire» bereits durchgeführt wurden. In *Outbreak* entscheidet sich der von Morgan Freeman gespielte Billy Ford in letzter Minute, die Bombardierung der kalifornischen Küstenstadt abzubrechen. In *The Invasion* warnt in der U-Bahn ein anonymes afroamerikanischen Paar die Heldin Carol Bennell, keine Emotionen zu zeigen, um den feindlichen Beamten, die dort patrouillieren, nicht aufzufallen. Sie wissen, was es heisst, im öffentlichen Raum der Hauptstadt der USA permanent auf der Hut sein zu müssen, weil sie ständig eine Verhaftung fürchten müssen. Auch der in Fort Detrick angestellte Biologe Dr. Stephen Galeano, der schliesslich das heilende Serum entwickelt, wird vom Afroamerikaner Jeffrey Wright gespielt. Und schliesslich zeigt uns der afroamerikanische Star Laurence Fishburne in *Contagion,* was es heisst, souverän die Leitung des CDC innezuhaben und die richtigen ethischen Entscheidungen zu fällen.

Zwölf Jahre, nachdem *Blindness* herauskam, bleibt es eine offene Frage: Lässt sich auch für uns der Sprung aus der normalen Zeit, den der Ausbruch von Covid-19 mit sich brachte, als Sprung aus einer durch unsere globale Kultur des Kapitalismus geförderten Verblendung verstehen, in der wir zusammen mit der eigenen Versehrtheit und der Hinfälligkeit unseres irdischen Daseins auch soziale Ungleichheit gerne ausgeblendet haben? Wie hat sich unser Blick verändert? Wird man von uns sagen können, wir hätten einen anderen Einblick gewonnen in unser Verhältnis zu anderen, in unsere Haltung zur Welt? Und wie lässt sich die narrative Sinnlösung all dieser Drehbücher auf die Gegenwart übertragen, so ungewiss, bedenklich oder sentimental sie sich auch gestalten mag? Werden wir aus unseren Fehlern nichts lernen, weil wir den Ausbruch des neuen Coronavirus wie einen Pandemiefilm behandeln, von dem wir wissen, die Katastrophe ist überwunden worden? Oder haben wir genauer hingesehen und gemerkt: diese Hoffnung bleibt fragil? Denn auch das ist eine Einsicht der Pandemiefilme: diesmal ist es noch einmal gut gegangen. Ob und wann das Virus wieder ausbrechen wird, kann selbst das Kino nicht vorhersagen.

GAIA SCHLÄGT ZURÜCK

Wenige Wochen, nachdem das neue Coronavirus sich auch in Europa auszubreiten begonnen hatte, fiel auf, wie klar der Himmel auf einmal war. Kaum Kondensstreifen zu sehen, die Sterne schienen kraftvoller zu strahlen. Da die meisten Flugzeuge am Boden blieben und auch insgesamt weniger Strom produziert wurde, liess sich in den ersten beiden Wochen des globalen Lockdowns tatsächlich ein Rückgang der Luftverschmutzung feststellen. Über Los Angeles lichtete sich der Smog, von Nordindien aus konnte man das schneebedeckte Himalaja-Gebirge sehen. Seismologen berichteten, dass sich die obere Schicht der Erdkruste beruhigen konnte. Bereits am 17. April 2020 schrieb die Journalistin Amanda Hess in einem Kommentar in der NEW YORK TIMES, dass die Natur nach dem Ausbruch der Pandemie aufzuleben schien, als sei sie wieder zu ihrem vollen Recht gekommen. Auch der Journalistin ist aufgefallen, wie erstaunlich schnell die Umwelt positiv auf die Einschränkung menschlicher Aktivitäten reagierte. Weil vielerorts die Touristen ausblieben, konnten sich im Ozean die Fischbestände erholen. In den sozialen Medien kursierten sogar «*Nature Is Healing, We Are the Virus*»-Memes mit farbenprächtigen Naturaufnahmen von Delfinen, die im Meer herumplanschen. Bei all dieser Euphorie war eine gewisse Selbstkasteiung spürbar. Die Feststellung, die Pandemie hätte eine heilende Wirkung auf alle nicht menschlichen Lebewesen, macht aus Menschen bösartige Parasiten, die ihre eigene Lebensgrundlage angreifen, verletzen und sogar zerstören. In der antiken Mythopoetik wird die Erde hingegen als mütterliche Gestalt begriffen, die selbst über Heilkräfte verfügt. Sie kann sich von den Angriffen der Menschen eigenständig erholen und erneuern. Dazu ist allerdings die Abwesenheit der menschlichen Spezies notwendig.

Besonders eindrücklich waren die Berichte aus Venedig. Diese Stadt mit den maroden Palazzi, Piazze und Brücken diente schon in der Vergangenheit dem Kino als perfekte Kulisse für die Darstellungen von Seuchengefahren. Weil die Vaporetti und Gondeln in den Kanälen fest vertäut lagen und keine Kreuzfahrtschiffe anlegen durften, konnten sich die trübenden Sedimente im Wasser setzen. Die Kanäle waren plötzlich türkisblau, und unter der funkelnden Wasseroberfläche waren Fischschwärme, Quallen und Krustentiere zu sehen. Möwen, die bislang von Touristen auf dem Markusplatz gefüttert wurden, mussten zum ersten Mal ihre Nahrung selbst erbeuten. Schon bald aber zweifelten einige kritische Stimmen an, dass diese Berichte über die sich erneuernde Natur tatsächlich der ökologischen Realität entsprechen. Die begeisterte Nachricht über Schwäne, die vermeintlich in die Kanäle zurückgekehrt sind, entsprach nicht den Tatsachen. Die Fotografie, auf der diese Nachricht basierte, war in der Nähe von Burano aufgenommen worden, wo immer schon Schwäne erspäht werden konnten.

Worin aber liegt der Reiz dieser Bilder? Sicherlich lag es zum Teil daran, dass sie als tröstende Darstellung fungierten im Gegensatz zu den erschütternden Bildern über die Auswirkungen der Coronapandemie: überfüllte und ungenügend ausgestattete Krankenhäuser, erschöpftes medizinisches Personal, verzweifelte Trauer von Angehörigen der Erkrankten, Leichensäcke auf den Strassen von Bergamo und New York. Die idyllischen Naturbilder dienten vielleicht auch einem Eigenlob: Man konnte sich einbilden, dass der Rückzug in die eigenen vier Wände positive Auswirkungen auf die Natur hätte. Im gleichen Zug, in dem man die Aufmerksamkeit auf die erfreulichen Nebenwirkungen des Lockdowns lenkte, rückte der Seltenheitswert in der Zeit in den Fokus, den Freud allem Vergänglichen zuschreibt. Wir konnten uns einreden: Wie jede andere Krise wird auch diese vorübergehen. Aber wenn dieser Ausnahmezustand nur provisorisch ist, stellen sich folgende Fragen: Was wird passieren, wenn der globale Lockdown wieder aufgehoben wird? Welche Auswirkungen hat es auf die Natur, wenn die Reiselust von Touristen, aber auch jene von Geschäftsleuten, wieder einsetzt? Wenn die Industrie wieder angekurbelt wird? Man darf vermuten, dass wenn jene Massnahmen, die unsere Bewegungsfreiheit eingeschränkt haben, nicht mehr vorhanden sind, auch die positiven Auswirkungen nicht anhalten werden. Es könnte sich zeigen, dass es auch für die Bedrohung, die der Klimawandel für die Erde darstellt, nur eine Auszeit war. Die Selbstregulierung, die temporär gewesen sein wird, kann demzufolge nur als Mahnung verstanden werden. Wir könnten unseren Umgang mit der Natur aufmerksamer gestalten.

Bemerkenswert an der Denkfigur, die Natur habe sich während des Lockdowns regenerieren können, ist, dass diese Behauptung vor allem an Fotografien festgemacht wurde, welche Wildtiere abbilden, die in urbane Gegenden vorgedrungen sind. An Orte, an denen sie vorher nie gesichtet wurden. Im Netz viral verbreitet haben sich Szenen, die Rotluchse und schwarze Bären im «Yosemite National Park» zeigen, welche die Fahrbahn beschlagnahmten. Wildschweine tauchten in den leeren Strassen von Barcelona und Haifa auf, Pumas in Santiago de Chile und Kojoten auf der Michigan Avenue in Chicago. Eine Aufnahme fing sogar Ziegen ein, die im walisischen Badeort Llandudno unerschrocken an den Vorgartenhecken knabberten. Alle diese Bilder sollten bezeugen, wie sich der Ausnahmezustand zugunsten der Tiere entwickelte und sie ungestört fremdes Terrain erobern konnten. Oder sind die Tiere vielleicht doch nur deshalb in die Städte gekommen, weil sie in ihrem eigenen Lebensraum nicht genug Nahrung finden konnten? Beeindruckend an diesen Fotografien ist, dass keine Menschen zu sehen sind. Nicht also ein harmonisches Miteinander von Tieren und Menschen – wie wir es aus der pastoralen Landschaftsmalerei kennen – wird dokumentiert, sondern vielmehr eine postapokalyptische Vision der Welt, aus der die menschliche Spezies wegretuschiert worden ist. So gilt es auch zu fragen: Warum bezaubern uns zum Teil sogar offenkundig digital manipulierte Bilder von einer Erde, in der wir nicht mehr gegenwärtig sind? Es sind Bilder, in denen wir unsere eigene Abwesenheit miterleben und sogar geniessen dürfen.

In menschenleeren Szenen steckt eine implizite geopolitische Aussage, setzt doch die tröstende Idee einer Erneuerung der Natur, nachdem wir sie verlassen haben, unsere vorgängig destruktive Anwesenheit voraus. Es handelt sich dabei nicht um eine noch unberührte Natur, sondern um eine, die sich dank des Virusausbruchs von den ihr schädlichen Menschen wieder befreien konnte. Dabei fungiert diese Hoffnung als Kehrseite ebenjener Befürchtung, die sie zugleich aufruft: Nachdem der globale Lockdown wieder aufgehoben sein wird, werden wir zur rücksichtslosen Ausbeutung der Umwelt zurückkehren. An der Vorstellung einer Natur ohne Menschen lässt sich aber auch die spekulative Fantasie einer Umwälzung des gegenwärtigen Verhältnisses zur Erde ablesen. Es könnte auch zu einer neuen Machtverteilung zwischen uns und all den anderen Lebewesen kommen. Zwar wäre es naiv zu glauben, der Missbrauch, der bereits jahrhundertelang stattgefunden hat, könnte nach einer kurzen Periode, in der wir Menschen uns in unsere eigenen vier Wände zurückziehen, grundsätzlich rückgängig gemacht werden. Doch an der Vorstellung, es könnte eine nachhaltige Welt geben, in der wir ubiquitär abwesend sind, ist mehr als nur eine Mahnung an unseren fahrlässigen Umgang mit der Erde. Diese Vision erinnert daran, dass ein kompletter Verfall der von Menschen gemachten Gesellschaft möglich wäre.

Bereits Mary Shelley hat sich in ihrem Roman *The Last Man* einer postapokalyptischen Zukunftsvision bedient, um eine tödliche Seuche nicht nur als Rache Gottes, sondern auch als Vergeltungsschlag der Natur zu verbildlichen. Auf der letzten Seite des Manuskripts, das ihre antike Sibylle als Prophezeiung verfasst hatte, stellt der letzte Pestüberlebende Lionel Verney sich vor, wie er mit seinem Hund in einem kleinen Kahn von Hafen zu Hafen segeln wird. Die Natur um ihn herum wurde von der Seuche nicht tangiert. Vielmehr kann er auf seiner Reise eine Vielzahl wundersamer Naturerscheinungen beobachten. Demütig lässt er sich auf seine neue unterwürfige Rolle ein. Er war sich, bereits bevor die Pest nach England gekommen war, seiner eigenen Nichtigkeit bewusst: «Die Natur, unsere Freundin und gleichzeitig Mutter, hatte gegen uns ihre drohende Hand erhoben. Sie macht deutlich, dass die Zeit gekommen ist und sie nun ihre Kräfte gegen uns richten muss, um uns aufzurütteln – obwohl sie es eigens zuliess, dass wir sie unseren Gesetzen unterordnen und ihre Mächte bezwingen.

Die Natur hat die Fähigkeiten, unseren Erdball mit Bergen zu besetzen. Sie umgibt eine Atmosphäre, welche die Voraussetzung für unsere Existenz darstellt. Die Natur ermöglicht, dass der Mensch alles, was er sich ausdenkt, aus eigenem Antrieb erreichen kann. Ebenso gut könnte sie aber diesen Erdball in ihre Hände nehmen und auf den Boden schmettern, damit wäre alles Leben ausgelöscht und die gesamten menschlichen Anstrengungen zunichtegemacht.»

Mit dieser schonungslosen Kritik am aufklärerischen Geist, dem im Kern Verantwortungslosigkeit und Egoismus innewohnt, bringt Mary Shelley eine Denkfigur ins Spiel, die auch heute noch Gültigkeit haben könnte: Gaia, die zur Subalternen eines globalisierten Eroberungswillens gemacht wurde, schlägt zurück. Die Metapher, dass der Mensch selbst das Virus sei, eignet sich für Selbstvorwürfe in diesem Fall weniger. Vielmehr lohnt sich die Erkenntnis: Mit unserem vermessenen Glauben an die Vorherrschaft auf Erden haben wir eine Kettenreaktion in Gang gesetzt, die nun in der Gestalt eines tödlichen Virus für die Menschheit selbst verheerende Konsequenzen hat. Auf der Kinoleinwand hat der Regisseur Wolfgang Petersen uns in *Outbreak* die Verschränkung von selbstverschuldeter Katastrophe mit dem Glauben an eine von der Natur ausgehende Bestrafung bereits vorgeführt. Während in seinem Pandemiefilm der von Dustin Hoffman gespielte Virologe ein verseuchtes Dorf im Motaba Valley in Zaire besucht, begegnet er einem lokalen Medizinmann. Dieser war während des Ausbruchs in seiner Höhle und blieb daher von der tödlichen Krankheit verschont. Er ist überzeugt, dass Männer, die in den verbotenen Regenwald eindrangen, um Bäume zu fällen, die Naturgötter geweckt haben. Sein magischer Gesang soll sie nun beschwichtigen. Zeitgleich wird ein weiblicher Affe von einem Wilderer gefangen. Das Tier entpuppt sich bald darauf als eine Gesandte der zornigen Gaia. In die kalifornische Küstenstadt verschleppt, führt sie ein afrikanisches Virus ein, das bereits Jahrzehnte vorher im Motaba Valley eine vernichtende Infektionswelle ausgelöst hatte.

Seit dem Ausbruch des neuen Coronavirus haben auch Umweltschutzexperten den Ausbruch der Pandemie durch die Störung des fragilen Ökosystems erklärt. Der *nature writer* David Quammen hat bereits am 28. Januar 2020 unter dem Titel «*We Made the Coronavirus Epidemic*» in der NEW YORK TIMES darauf hingewiesen, die Notlage in Wuhan sei kein neues Ereignis. Ganz im Sinne der Drehbücher einiger Pandemiefilme sei sie vielmehr Teil einer Reihe von zusammenhängenden Zufällen, die bis weit in die Vergangenheit zurückreichen. Auch in der Zukunft wird diese kausale Kette weiterwirken – immer dann, wenn Viren von Wildtieren über einen Zwischenwirt zum Menschen überspringen: «Wir dringen in Wälder und andere wilde Landschaften ein, die so viele Tier- und Pflanzenarten beherbergen. Diese Wesen sind wiederum von vielen unbekannten Viren infiziert. Der Mensch fällt Bäume, tötet die Tiere oder sperrt sie ein und schickt sie auf Märkte und in Tierhandlungen. Wir stören Ökosysteme und wir schütteln Viren von ihren natürlichen Wirten. Wenn das geschieht, brauchen sie einen neuen Wirt. Oft sind das dann wir, die Menschen.» Auch Quammen hält an jener Warnung fest, die aus den Pandemiefilmen seit den 50er-Jahren bekannt ist: Für das Virus, das ein Flugzeugpassagier mit sich trägt, ist die Distanz zwischen Wuhan oder dem Regenwald im Amazonas und den Grossstädten Rom, Paris, Buenos Aires, Washington oder Zürich nicht weit. Die Ironie ist unübersehbar: Wir haben eigens eine Situation geschaffen, die uns selbst gefährdet. Im Zuge unseres Expansionsdrangs greifen wir in Ökosysteme ein und destabilisieren diese auf eine Weise, dass Krankheiten wie Covid-19 überhaupt ausbrechen können. Im Gegenzug macht sich die Natur das Recht auf Bewegungsfreiheit zunutze, jene Mobilität und Globalisierung, die vorgängig zu ihrer Ausbeutung geführt hat.

Die Bilder einer durch die Coronapandemie regenerierten Natur mögen die Funktion einer Droge haben, die das schlechte Gewissen, das schon länger kursiert, zu mildern oder ganz abzuwehren vermag. Wie die Schriftstellerin Judith Schalansky in einem Gastkommentar im SPIEGEL am 9. Mai 2020 kritisch bemerkt, «fällt es den Menschen offenkundig sehr viel leichter, sich reuevoll eine heile Welt ohne die eigene Gattung zu erträumen: als eine von zwischenartlicher Koexistenz und Kooperation, voller Naturkulturlandschaften, in der eine erweiterte, planetarische Solidargemeinschaft allen Lebewesen Raum zur Entfaltung zugesteht.» Es wäre sicher nachhaltiger, sich von einem solch dualistischen Denken zu verabschieden. Warum müssen wir den Menschen als Gegensatz zur Natur verstehen? Dies führt allerdings dazu, dass wir sie entweder als Naturschutzgebiete zum touristischen Anschauungsobjekt erhöhen oder aber sie als uns unterlegen entwerten und hemmungslos ausbeuten. Anstelle dieses Dualismus könnte das Denken eines Miteinander treten, das im Gegensatz zur pastoralen Idylle wie auch zur apokalyptischen Vision von der Perspektive der Erde aus gedacht festhält, wie sehr wir alle Teil eines Gesamtorganismus sind. Danach zu fragen, wie eine weniger gestörte Berührung zwischen Mensch und Natur aussehen könnte, ein weniger zerstörerischer Kontakt, bringt mich zu einer anderen spekulativen Fantasie: Die Lehre aus unserer gegenwärtigen Erfahrung von Verwundbarkeit und Kontrollverlust könnte darin bestehen, dass wir uns die komplexen, diversen und kontingenten Verflechtungen des Systems Natur bewusst machen.

Bereits lange vor der aktuellen Coronapandemie machte sich die feministische Wissenschaftshistorikerin Donna Haraway dafür stark, dass das bürgerliche Konzept der Kleinfamilie aufgegeben werden soll und stattdessen stärker die Verwandtschaftsbeziehungen gepflegt werden könnten, die selbst die kleinsten Kriechtiere mit einschliessen würden. Ihr Plädoyer greift zurück auf die vom Naturwissenschaftler James Lovelock vorgebrachte Gaia-Hypothese, die besagt, dass die Weltkugel als ein zusammenhängendes, zutiefst dynamisches und hochsensibles System zu verstehen sei. Erinnern wir uns: Die antike Kosmologie setzt diese vollbusige Urmutter Gaia an den Anfang des irdischen Daseins. Sie ist dem allem vorangehenden Chaos entsprungen und bringt ohne das Mitwirken irgendeiner paternalen Kraft den ihr gleichrangigen Himmel hervor, damit dieser sie von allen Seiten her umgeben kann. Dann erzeugt sie das Meer und die Berge und schliesslich die Götterwesen und Giganten. Haraways Bezugnahme auf diese mythopoetische Figur erlaubt es ihr, von der Erde als einem sich selbst bildenden, autopoetischen Organismus zu sprechen, der Grenzen beibehält und unter bestimmten Bedingungen stabil ist und unter anderen nicht. Ihre zeitgenössische Auffassung von Gaia lässt sich nicht auf die Summe ihrer Teile reduzieren, sondern ist nur begrenzt kohärent, weil sie immer wieder auf Störungen reagiert, die als dynamische Prozesse dem System Natur inhärent sind. Diese Gaia kümmert sich nicht um die Intentionen, das Begehren und die Bedürfnisse von Menschen oder anderen biologischen Wesen. Wie Haraway festhält, stellt diese Gaia vielmehr unser Dasein infrage. Haben wir doch jene grausame Mutation selbst provoziert, die für alle auf der Welt mit existierenden Wesen sowohl die Lebensqualität der Gegenwart als auch jene der Zukunft bedroht.

So problematisch die Versuchung auch sein mag, angesichts einer realen Katastrophe solche Metaphern oder eben auch mythische Spekulationen als Denkbilder zu bemühen, tauchen sie immer wieder auf. Wir brauchen Geschichten, um ein Ereignis wie zum Beispiel solche Pandemien greifbar zu machen, damit wir sie begreifen können. Die Vorstellung, die Natur würde im Ausnahmezustand nicht nur wieder zu ihrem Recht kommen, sondern auch zurückschlagen, ist betörend, weil sie aus der Welt der Science-Fiction stammt. Als eine nach Vergeltung suchende Personifizierung der mütterlichen Entität ruft Gaia dazu auf, die Konsequenzen dessen, was der Mensch selbst provoziert hat, zu tragen. Man darf sich eine Szene der Konfrontation vorstellen, in der sie uns verkündet: «Wenn ihr nicht auf mich hört, wenn ihr die Zeichen des Klimawandels nicht ernst nehmen, sondern verleugnen wollt, und wenn ihr weiterhin darauf besteht, mich auszubeuten, dann zerstöre ich euch zwar nicht. Aber ich attackiere euch stattdessen mit Viren, um eure Aufmerksamkeit auf das zu richten, was ihr euch – und allen anderen, die in meinem Organismus leben – antut. Durch meinen Gegenschlag soll den Tieren und Pflanzen kein Leid zugefügt werden. Nur ihr Menschen sollt Schaden nehmen; nur ihr, die ihr euch selbst zur Gefahr geworden seid, sollt am Kollateralschaden eurer eigenen Überheblichkeit zugrunde gehen.»

Bemüht man die Denkfigur eines Vergeltungsschlags, ist dies natürlich auch eine Geste der Aneignung oder eine spekulative Besitzergreifung. Man schreibt der Erde menschliches Verhalten wie Intentionen und Affekte zu. Haben wir die Natur uns gleichgesetzt, so fällt es uns – wie einst den antiken Dichtern, die sich den Gaia-Mythos ausgedacht haben – leicht, ihre Wut zu verstehen, ihre Rache zu verzeihen, vielleicht sogar gutzuheissen. Was aber, wenn wir die Selbstregulation des Organismus Erde weniger anthropozentrisch zu denken versuchen? Zeigt sich in einer Pandemie nicht doch mit besonderer Vehemenz, dass die Natur, von der wir abhängig sind, sich gar nicht um uns kümmert? Der Molekularbiologe Joshua Lederberg behauptet, Viren seien des Menschen einzige Rivalen um die Vorherrschaft auf diesem Planeten; eine Aussage, die auch Wolfgang Petersen als Motto seinem Pandemiefilm *Outbreak* voranstellt. Lederberg besteht darauf, dass die Natur den Menschen gegenüber gleichgültig ist. Ausbrüche einer viralen Erkrankung sind ihrem Wesen nach kontingent. Der unheilvolle Zusammenstoss von Menschen und Viren folgt keiner Notwendigkeit, er hätte auch anders verlaufen können. Wie Mikroben fehlt es auch Viren an Intentionen und überhaupt dem Vermögen, ihre Lage einzuschätzen und bewusst zu handeln. Sie sind einfach besonders lebensfähig und versuchen mit äusserster Vitalität und Hartnäckigkeit zu überleben, indem sie sich ausbreiten. Diesen biologischen Zombies ist der Mensch gänzlich gleichgültig. Wir geben lediglich einen nützlichen Wirt ab, mit verheerenden Auswirkungen für die Menschen. Angesichts dieses Desinteresses könnte unsere Erfahrung von Versehrtheit und dem Verlust der Vorherrschaft, wie sie sich in der aktuellen Coronakrise gezeigt hat, auch eine Lektion in Demut sein.

Die Covid-19-Pandemie ist im Grunde ein bedeutungsloses Ereignis. Es ist keine von vornherein sinnenthaltende Geschichte, und eben deshalb müssen wir für diese wie für jede andere reale Katastrophe Sinnbilder finden. Wir müssen ihr Bedeutungen zuweisen, um sie greifbar und begreifbar zu machen. Nachhaltig wäre der Deutungsversuch, unsere Berührungen zusammen mit allen Wesen, die mit dem System Natur verwoben sind, neu zu denken; das *con tangere,* das in dem englischen Wort *contagion* liegt, nicht nur als Bedrohung, sondern auch als Chance zu sehen. Wie Siri Hustvedt am 24. April 2020 im WALL STREET JOURNAL rückblickend voraussagt: «Die Pandemie wird zu Ende gehen, auch wenn wir heute noch nicht genau wissen, wie dieses Ende genau aussehen wird.» Vor dem Hintergrund der Sirenen, die sie von ihrer Wohnung in Brooklyn aus auf dem Höhepunkt der Erkrankungen ständig hören musste, erinnert sie sich an die Spanische Grippe, der im Jahr 1918 in New York 20 000 Menschen zum Opfer fielen. Viele Bürgerinnen und Bürger der Stadt wollten damals die Toten schnell wieder vergessen. Allzu leicht liessen diese sich mit denen, die in den Schützengräben in Frankreich gestorben waren, gleichstellen. Wie die Kriegsveteranen, für die in der ausgelassenen Stimmung der Roaring Twenties kein Platz war, gehörten auch die an der Grippe Erkrankten bald zu den Vergessenen. Siri Hustvedt hält einer solch kulturellen Amnesie entschlossen entgegen: «Ich lege es uns allen nahe, diese Pandemie nicht zu vergessen, und sei es auch nur, weil unsere Ökosysteme verwundbar und schutzlos sind. Ferner lege ich uns ebenso ans Herz, zu begreifen, dass das Virus, welches irgendwann im letzten Jahr vom Tier auf den Menschen überspringen konnte, deutlich aufgezeigt hat, wie unauflösbar verstrickt wir alle miteinander sind, wie abhängig voneinander; wie sehr wir auf dieser kleinen, fragilen Erde mit allen anderen Säugetieren und Vögeln und Insekten und Bakterien und Viren koexistieren müssen.»

*

Es zeichnet sich allerdings jetzt schon ab, dass das neue Coronavirus nur eine Trockenübung für den Ernstfall war, der später noch auf uns zukommen wird: Dann nämlich, wenn unser Trinkwasser gänzlich verseucht oder zur Mangelware geworden ist. Wenn Küstenstädte unter Wasser stehen, Waldbrände ganze Landstriche unbewohnbar gemacht haben werden. Wenn wir die verseuchte Luft nicht mehr atmen können. Wenn das extreme Klima uns die freie Bewegung ausserhalb des Hauses verbietet. Sind wir jetzt einem solch apokalyptischen Szenario noch einmal entkommen, sollte die Frage des Vorbereitetseins mit besonderer Dringlichkeit in unser Blickfeld rücken. Der politische Philosoph Antonio Gramsci hat in seinen Tagebüchern aus dem Gefängnis den treffenden Aphorismus verfasst: «Die Krise besteht gerade darin, dass das Alte stirbt und das Neue jedoch noch nicht geboren werden kann; in diesem Interregnum treten eine Vielzahl an krankhaften Phänomenen auf.» Das Sinnbild von morbiden Symptomen, die plötzlich in Erscheinung treten können, hatten wir in den letzten Jahren auf den Sieg populistischer Parteien und Politiker angewendet. Ebenso passt es auf die Bedrohung der politischen Institutionen, die mit dem Aufstieg des Populismus zugenommen hat. Erst nachträglich werden wir wissen, ob der Ausbruch des neuen Coronavirus der Höhepunkt dieses Interregnums gewesen sein wird. Es gilt jetzt – so die Wette dieses Buchs –, mit spekulativem Fabulieren die Zukunft durchzuspielen, Entwürfe für die kommende Welt zu machen. Dieses fiktive Durchspielen zeigt uns zwar nicht, wie die Zukunft ganz genau aussehen wird, aber es kann erfahrbar machen, wie die Zukunft immer schon gewesen sein wird. Die Zukunft beginnt – als Fiktion – jetzt.

Zwischen einem Gestern, dessen Alltagsgeschäfte unwiderruflich eine Veränderung erfahren haben, und einem Morgen, von dem wir noch nicht definitiv wissen, wie dieses sich gestalten wird, haben auch spekulative Erwartungen und Hoffnungen Konjunktur: Vielleicht werden keine Kreuzfahrtschiffe die Kanäle Venedigs stören; vielleicht wird der Flugverkehr eingeschränkt und der Tourismus überhaupt eingedämmt;

vielleicht findet sich ein Ersatz für billige Kleider, die in Südostasien hergestellt werden; vielleicht könnte es eine anders vernetzte Globalisierung geben; vielleicht werden mehr Produkte wieder im eigenen Land produziert, allen voran Medikamente und medizinisches Bedarfsmaterial. Nicht nur das Verhältnis zwischen Mensch und Natur müsste sich wandeln, auch die soziale Ungleichheit, welche die Covid-19-Krise noch sichtbarer gemacht hat. Es zeichnet sich jetzt schon ab: Das Ende des Kapitalismus wird es nicht gewesen sein. Aber die Fragen nach Veränderungen sind lauter geworden: Wurde ein Prozess in Gang gesetzt, welcher die Automatisierung fördern wird? Wird die Digitalisierung noch stärker Einzug in unseren Alltag halten und damit menschliche Kontakte noch mehr einschränken? Oder wird gerade das Zusammensein als neue Lebensqualität entdeckt? Wird man die nähere Umgebung als Reisedestination wiederentdecken? Wir befinden uns in einer Zeit des Innehaltens. Wird es nur ein kurzer Stillstand gewesen sein – oder eine Gelegenheit, uns Geschichten zu erzählen, eine Möglichkeit, über uns nachzudenken? Es könnte unsere Chance sein, alles noch einmal neu zu betrachten. Oder: Es hätte unsere Chance sein können. Der Ausgang liegt nicht in den Sternen, er liegt an uns.

❋

DANKSAGUNG

❋

Von Ende März bis Ende Juni 2020 habe ich mir die Zeit damit vertrieben, darüber nachzudenken, wie Denkbilder und Geschichten, die seit Hunderten von Jahren im Umlauf sind, uns helfen können, auch diese Pandemie zu verstehen. Der daraus entstandene Essay ist auch eine persönliche Chronik. Geprägt von meinen eigenen Erfahrungen mit den Auswirkungen der Coronapandemie, geben die Kapitel auch wieder, wie sich meine Ansichten im Verlauf des Schreibens dem Fortschreiten der Ereignisse angepasst und verändert haben. Doch Bücher lassen sich nicht allein schreiben, und auch dieses ist das Resultat von vielen Gesprächen – am Telefon, via Skype oder in meiner Küche. All denen, die mich in dieser Zeit mit Ideen, Kritik, aber auch einfach nur Ermutigung begleitet haben, sei an dieser Stelle gedankt: Simone Meier, die mir in unserem Interview für WATSON deutlich machte, welchen Fragen es sich nachzugehen lohnte. Sabrina Hofer vom ECHTZEIT VERLAG, deren Idee es überhaupt war, aus meinem Fundus an kulturellem Wissen ein Buch zu machen. Ihr feines Gespür für narrative Strukturen und ihre Begeisterung für meine Erzählketten haben mich unermesslich bei meiner Schreibarbeit unterstützt. Raphael Tandler hat mit seiner philosophischen Strenge immer sofort eingegriffen, um den Argumentationsfluss in die richtigen Bahnen zu lenken und mir unermüdlich weiteres Material zukommen lassen. Für eine Vielzahl an Anregungen, aber auch für ihre Neugierde, ihre Zusprache und ihr offenes Ohr sei zudem gedankt: Daniela Janser, Gabor Fujer, Alessandra Violi, Valentin Groebner, Monika Dommann, Sissi Zöbeli, Heike Paul, Benno Wirz, Tobias Weber, Johannes Binotto, Alexander

Markin, Jörg Huber, Gesine Krüger, Bruno Ryff, Susanne Lanwerd, Bettina Dennerlein, Franz Diegelmann, Andreas Maercker, Karen Roth und Barbara Weber. Und schliesslich meinen Verlegern beim ECHTZEIT VERLAG, Wendelin Hess und Markus Schneider, die einmal mehr ihr Vertrauen in mich gesetzt haben.

BESPROCHENE FILME

Blindness (2008).
Fernando Meirelles, 20TH CENTURY FOX.
Contagion (2011).
Steven Soderbergh, WARNER BROS. ENTERTAINMENT.
Dawn of the Dead (1978).
George A. Romero, UNITED FILM DISTRIBUTION.
Die Büchse der Pandora (1929).
Georg Wilhelm Pabst, ATLAS FILM.
Invasion of the Body Snatchers (1956).
Don Siegel, ALLIED ARTISTS PICTURES.
Jezebel (1938).
William Wyler, WARNER BROS. ENTERTAINMENT.
Nosferatu. Eine Symphonie des Grauens (1922).
F. W. Murnau, PRANA-FILM.
Outbreak (1995).
Wolfgang Petersen, WARNER BROS. ENTERTAINMENT.
Panic in the Streets (1950).
Elia Kazan, 20TH CENTURY FOX.
The Andromeda Strain (1971).
Robert Wise, UNIVERSAL PICTURES.
The Court-Martial of Billy Mitchell (1955).
Otto Preminger, WARNER BROS. ENTERTAINMENT.
The Invasion (2007).
Oliver Hirschbiegel, WARNER BROS. ENTERTAINMENT.
The Killer that Stalked New York (1950).
Earl McEvoy, COLUMBIA PICTURES.
The Last Man on Earth (1964).
Ubaldo B. Ragona und Sidney Salkow, 20TH CENTURY FOX.

BENUTZTE LITERATUR

ROLAND BARTHES, *Mythologies.* Paris 1957.

WALTER BENJAMIN, «Über den Begriff der Geschichte». *Illuminationen. Ausgewählte Schriften.* Frankfurt a. M. 1977.

HANS BLUMENBERG, «Einbrechen des Namens in das Chaos des Unbenannten». *Arbeit am Mythos.* Frankfurt a. M. 1979.

GIOVANNI BOCCACCIO, *Il Decamerone* (1349–1353). Übersetzt von Paola Calvino. Zürich 1957.

CARLO CADUFF, *Warten auf die Pandemie.* Konstanz 2017.

ALBERT CAMUS, *La peste.* Paris 1947.

«Die Offenbarung des Heiligen Johannes». *Neues Testament.*

DANIEL DEFOE, *A Journal of the Plague Year* (1722). Harmondsworth 1966.

MICHEL FOUCAULT, «Andere Räume». *Aisthesis. Wahrnehmung heute oder Perspektiven einer anderen Ästhetik.* Leipzig 1991.

SIGMUND FREUD

– «Zeitgemässes über Krieg und Tod» (1915). *Gesammelte Werke* Band X. Frankfurt a. M. 1946.
– «Vergänglichkeit» (1916). *Gesammelte Werke* Band X. Frankfurt a. M. 1946.
– «Das Unheimliche» (1919). *Gesammelte Werke* Band XII. Frankfurt a. M. 1947.
– «Jenseits des Lustprinzips» (1920). *Gesammelte Werke* Band XIII. Frankfurt a. M. 1947.

DONNA J. HARAWAY, *Staying with the Trouble. Making Kin in the Chthulucene.* Durham/London 2016.

HESIOD, *Theogonie.* Übersetzt von Karl Albert. Sankt Augustin 1998.

AMANDA HESS, «The Rise of the Coronavirus Nature Genre». THE NEW YORK TIMES, 17. April 2020.

SIRI HUSTVEDT, «I think of the sirens as New York's heartbreaking music». FINANCIAL TIMES, 24. April 2020.

PETER NICHOLAS, «This is How Donald Trump Will Be Remembered». THE ATLANTIC, 18. März 2020.

GEORGE PACKER, «We Are Living in a Failed State». THE ATLANTIC, Juni 2020.

EDGAR ALLAN POE, «The Masque of the Red Death» (1842). *Tales and Sketches.* New York 1984.

KATHERINE ANNE PORTER, *Pale Horse, Pale Rider* (1939). *Collected Stories and Other Writings.* New York 2008.

DAVID QUAMMEN, «We Made the Coronavirus Epidemic». THE NEW YORK TIMES, 28. Januar 2020.

DAVID E. SANGER, ERIC LIPTON, EILEEN SULLIVAN, MICHAEL CROWLEY, «Before Virus Outbreak, a Cascade of Warnings Went Unheeded». THE NEW YORK TIMES, 19. März 2020, Update 22. März 2020.

JUDITH SCHALANSKY, «Hirsche in Harold Hill». DER SPIEGEL, 9. Mai 2020.

MARY SHELLEY, *The Last Man* (1826). Oxford 1994.

SUSAN SONTAG, *Illness as Metaphor.* New York 1978.

PRISCILLA WALD, *Contagious: Cultures, Carriers, and the Outbreak Narrative.* Durham 2008.

GAVIN WALKER, «The Discreet Charm of Coronavirus». EPISTEME, Issue 2: Covid-19 Pandemic, Mai 2020.

Ein Tag ohne Kochen ist für Elisabeth Bronfen ein trauriger Tag. Kochen ist für sie eine Lebenspraxis. Einfache Speisen, perfekt zubereitet, können spektakulär sein, so ihre Überzeugung. Elisabeth Bronfen pflegt eine kosmopolitische Alltagsküche, die mit guten, teilweise auserlesenen Produkten arbeitet. Ihre liebsten Rezepte hat sie für dieses Buch verschriftet und mit Begegnungen und Orten ihrer reichen Biografie verknüpft.

«*Besessen* ist mehr als nur ein Kochbuch, obwohl es das auch ist. In erster Linie ist es eine intime Erkundung über Essen, Erinnerungen, Familie, Freude und Kultur. Ich liebe es.»
Siri Hustvedt

Elisabeth Bronfen

Besessen.

Gebunden, 464 Seiten, 48 Franken, 43 Euro

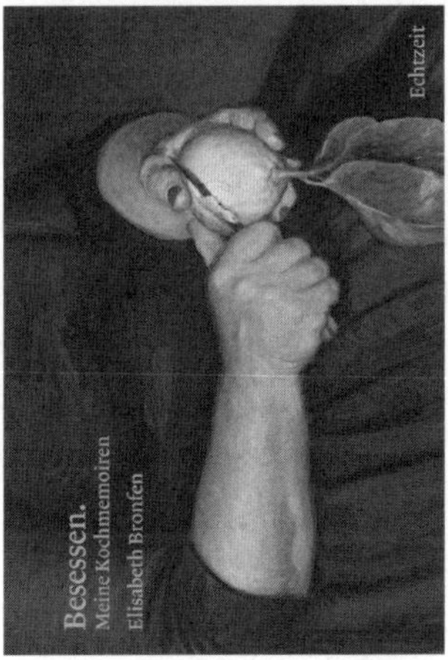

In guten Buchhandlungen oder direkt bei:
www.echtzeit.ch

Zur Autorin: Elisabeth Bronfen, geboren 1958 in München, studierte am Radcliffe College, an der Harvard University und an der Universität München. 1990 habilitierte sie sich mit einer Arbeit über die Ästhetisierung toter Frauen durch männliche Künstler. Sie ist Lehrstuhlinhaberin am Englischen Seminar der Universität Zürich und Global Distinguished Professor an der New York University. Sie hat eine Vielzahl von Aufsätzen in den Bereichen Gender Studies, Kunst-, Film- und Kulturwissenschaft veröffentlicht und ist Autorin zahlreicher Bücher. Elisabeth Bronfen lebt in Zürich.

1. Auflage 1. September 2020
Copyright © 2020 Echtzeit Verlag GmbH, Basel
Alle Rechte vorbehalten

ISBN 978-3-906807-18-8

Autorin: Elisabeth Bronfen
Fotografie auf dem Umschlag: Barbara Basting. Das Graffiti ist eines der *Totentanz*-Bilder, die der Zürcher Künstler Harald Naegeli als Kommentar zur Coronapandemie im Frühling 2020 an eine Mauer vor dem Grossmünster in Zürich sprayte. Mittlerweile wurde das Bild übermalt.
Lektorat: Sabrina Hofer
Korrektorat: Manuela Seiler-Widmer
Gestaltung: Müller+Hess, Basel
Druck: CPI – Ebner & Spiegel, Ulm

www.echtzeit.ch